नए भारत का सामवेद

नए भारत का सामवेद

नरेंद्र मोदी

के

संविधान संबंधी उद्बोधन

पुरोकथन

रामबहादुर राय

संयोजन

प्रभात ओझा

प्रभात प्रकाशन

स्पष्टीकरण
ये उद्बोधन आधिकारिक वेबसाइट से लिये गए हैं।

प्रकाशक
प्रभात प्रकाशन प्रा. लि.
4/19 आसफ अली रोड, नई दिल्ली–110002
फोन : 011–23289777 • हेल्पलाइन नं. : 7827007777
इ–मेल : prabhatbooks@gmail.com ❖ वेब ठिकाना : www.prabhatbooks.com

संस्करण
प्रथम, 2023

चित्रांकन
श्री माधव जोशी

पेपरबैक मूल्य
तीन सौ रुपए

मुद्रक
आर–टेक ऑफसेट प्रिंटर्स, दिल्ली

★

NAYE BHARAT KA SAMVED
Speeches of Shri Narendra Modi

Published by **PRABHAT PRAKASHAN PVT. LTD.**
4/19 Asaf Ali Road, New Delhi-110002

ISBN 978-93-5521-995-4

₹ 300.00 (PB)

पुरोकथन

सबसे पहले लोकमान्य बाल गंगाधर तिलक ने संविधान की अवधारणा दी। एक प्रारूप प्रस्तुत किया।[1] यह 1895 की बात है। तभी से हर भारतीय के सपने में संविधान पल रहा था। वह सपना 9 दिसंबर, 1946 को संविधान सभा के बनने पर पूरा हुआ। इस संघर्ष में 51 साल लगे। लेकिन वह एक ऐतिहासिक घटना थी। जिसका परिणाम हम जानते हैं कि संविधान सभा ने दो ऐतिहासिक कार्य किए। भारत को स्वतंत्रता दिलवाई और भारत का संविधान बनाया। वह संविधान था वनवास में। इसका एक स्पष्टीकरण यहाँ जरूरी है, नहीं तो अनर्थ का खतरा है। संविधान के वनवास से अभिप्राय यह है कि वह भारत के जन-जीवन के केंद्र में नहीं स्थापित हो पाया था। वह संसद्, अदालतों और वकीलों के पुस्तकालयों की शोभा अवश्य बढ़ा रहा था। लेकिन वनवास के कारण संविधान एक नागरिक के लिए अमूर्त हो गया था, निराकार। यह मत पूछिए कि वनवास कब तक था? जानने की बात दूसरी है, और मेरी समझ से वह अत्यंत महत्त्वपूर्ण है। उसे खुले मन से जो समझेगा, वह मानेगा कि संविधान और उनके प्रधान शिल्पी भी हाशिए पर थे। वे डॉ. भीमराव आंबेडकर हैं। ये दोनों बातें हमारे लोकतांत्रिक जन-जीवन के लिए क्या बड़ी विडंबना नहीं थी!

जिन्हें भारतीय जन-जीवन के केंद्र में होना चाहिए, वे परिधि पर रख दिए गए थे। यह आरोप नहीं, एक यथार्थ है। क्या हम जानते हैं कि संविधान और बाबा साहब आंबेडकर पर फोकस का दौर कब शुरू हुआ? क्या यह भी जानते हैं कि संविधान का मर्म कहाँ छिपा था? उसे किस प्रधानमंत्री ने पहली बार हर भारतीय को समझाया? अब यह न तो रहस्य है और न ही

कोई पहेली! इसे हर सचेत नागरिक जानने लगा है। जिससे संविधान केंद्रित नई सकारात्मकता पैदा हुई है। लेकिन विपक्ष ऐसे शब्दबाण चला रहा है, जिनसे बहुत सारे प्रश्न पैदा होते हैं। बहुत सारी पहेलियाँ निकलती हैं। अनेक तरह के भ्रम निर्मित करने की राजनीतिक कुचालें चली जा रही हैं। ऐसे समय में एक प्रामाणिक पुस्तक की आवश्यकता अनुभव की जा रही थी, जो स्वयं सच को अपने अक्षरों में उद्घाटित करती चले। जो प्रश्नों, पहेलियों और भ्रम के कुहासे को दूर कर सके। इसीलिए यह पुस्तक है।

प्रधानमंत्री नरेंद्र मोदी के संविधान और संवैधानिक संस्थाओं संबंधी भाषणों से यह पुस्तक बनाई गई है। इस पुस्तक को अलग से बनाने की क्या जरूरत थी? यह प्रश्न अगर कोई पूछता है, तो उसे अस्वाभाविक नहीं कहेंगे, क्योंकि जिन भाषणों को इस पुस्तक में संजोया गया है, वे उपलब्ध हैं। भारत सरकार के प्रकाशन विभाग ने उन्हें कई खंडों में प्रकाशित किया है।[2] फिर भी यह पुस्तक इसलिए बनाई गई है, क्योंकि इसमें जो भाषण हैं, वे संविधान संबंधी राजनीतिक भ्रम निर्माण के प्रयासों का निवारण करते हैं। एक बात और भी है। ये भाषण प्रधानमंत्री के भाषणों की भीड़ में खो गए हैं, लेकिन इन भाषणों का विशेष महत्त्व है। मेरी समझ से ये भाषण सार्वकालिक महत्त्व के हैं। यही इनकी विशेषता है। इन भाषणों को बार-बार पढ़ने की जरूरत है। ऐसा करते हुए पाठक स्वयं अनुभव कर सकेगा कि इनमें भारत की आत्मा की पुकार है। संविधान की सामर्थ्य को प्रकट करने का आह्वान है। इनमें एक सदिच्छा है। वह यह कि संविधान से जन-जीवन में आनंद का उत्सव निकले। यह संभव होगा तभी, जब संविधान को हर नागरिक समझे और जाने। प्रधानमंत्री नरेंद्र मोदी को संविधान पूरी तरह स्वीकार है। उनमें संविधान के प्रति एक गहरी आस्तिकता है। विपक्ष क्यों इसे नहीं समझ पा रहा है? यह प्रश्न पाठक को चकित करता है।

संविधान से संसदीय लोकतंत्र निकला है। संसदीय राजनीति में विपक्ष की एक महत्त्वपूर्ण भूमिका है। उसे संविधान भी सम्मानित स्थान देता है। लेकिन क्या विपक्ष अपने संवैधानिक सम्मान की रक्षा कर पा रहा है? यह प्रश्न इसलिए है, क्योंकि पहले दिन से ही विपक्ष एक तोतारटंत बोल में पड़

गया है। उसका स्वर मधुर नहीं, जहरीला है। मुख्य स्वर यह है कि प्रधानमंत्री नरेंद्र मोदी की सरकार संविधान और संवैधानिक संस्थाओं को तहस-नहस कर रही है। इस पुस्तक से लोग विपक्ष के आरोपों की जाँच-परख शुरू करेंगे। इसीलिए इस पुस्तक की अलग से आवश्यकता थी और वह पूरी हो रही है। यह पुस्तक प्रश्न उठाएगी कि विपक्ष के बोलों में कितनी सच्चाई है? इसके लिए तर्क नहीं, प्रधानमंत्री के भाषण के स्वर, भावना और तथ्य ही प्रमाण हो सकते हैं, जो इस पुस्तक में हैं।

जो भी कोई विपक्ष के आरोपों को कसौटी पर कसेगा, वह पाएगा कि प्रधानमंत्री नरेंद्र मोदी कसौटी पर खरे उतरते हैं। उसी तरह जैसे सोना आग में तपकर निखरता है। सिर्फ इतना ही नहीं है। यह भी है और इसे सबको जानना भी चाहिए कि प्रधानमंत्री नरेंद्र मोदी ने संविधान को सरकार का 'धर्मग्रंथ' घोषित किया है। क्या किसी ने ऐसा पहले कभी कहा? जो खोजेगा, वह निराश होगा। लेकिन इसकी आशा बहुत कम है कि विपक्ष प्रधानमंत्री नरेंद्र मोदी के संविधान संबंधी कथन की सचाई को सहजता और सरलता से स्वीकार कर लेगा। ऐसा हुआ तो एक चमत्कार घटित होगा। यह भी तो सोचिए कि कोई अपना सबसे ताकतवर हथियार यों ही नहीं छोड़ देगा। ऐसा अगर वह करता है, तो राजनीति के कुरुक्षेत्र में वह लड़ेगा कैसे और किस बल पर! इसलिए यहाँ एक स्पष्टीकरण जरूरी है। वह यह है कि यह पुस्तक विपक्ष की सेवा में समर्पित नहीं है। इसे बनाया गया है, उन लोगों के लिए जो सच को जानने की जिज्ञासा रखते हैं। भारत का समाज ऐसा ही है। उसमें विपक्ष भी है। लेकिन एक शर्त अवश्य है, वह यह कि साफ-सुथरे मन से जानने की इच्छा हो। अगर विपक्ष का ऐसा स्वभाव परिवर्तन हो सके, तो लोकतंत्र की शक्ति बहुत बढ़ जाएगी। इस पुस्तक का एक संदेश है। वह संदेश प्रधानमंत्री नरेंद्र मोदी के संविधान संबंधी संबोधनों से भी निकलता है कि संविधान को जानो, फिर मानो। इस संदेश में एक आत्मविश्वास का तत्त्व भी है।

देश में एक बड़ा प्रबुद्ध समुदाय आजादी के बाद से ही है, जो संविधान के विकासक्रम के हर चरण में प्रयास करता रहा है कि लोग अधिक-से-अधिक

संविधान को जानें। वे नामी लोग रहे हैं। अनेक तो संविधान सभा के सदस्य भी थे। वे भारत की वैचारिक-सांस्कृतिक-सामाजिक और राजनीतिक विविधता में एक-सूत्रता के प्रतिनिधि थे। उनमें से कुछ लोग जीवित हैं, हालाँकि वे बढ़ती उम्र में हैं। फिर भी उनके अनुभव बहुत गहरे हैं। ऐसे ज्यादातर लोगों की खुशी उस दिन अपार हो गई, जिस दिन प्रधानमंत्री नरेंद्र मोदी ने संविधान दिवस[3] की घोषणा कर पूरे देश को अपने नए अंदाज से सचमुच चकित कर दिया। इसे जिन लोगों ने खास तौर पर अपने मन और मस्तिष्क में दर्ज किया, वे संविधानवादी धारा के हैं। उनके अलावा सचेत नागरिकों ने भी इस घोषणा को बड़ा वरदान माना, संवैधानिक वरदान। जो पहले विस्मित थे, वे चकित हुए। विस्मय और आश्चर्य एक ही भावदशा के दो छोर हैं।

उन्हीं अनुभवी लोगों का यह आग्रह था कि प्रधानमंत्री नरेंद्र मोदी के संविधान संबंधी भाषणों की एक पुस्तक आनी चाहिए। इसलिए एक दृष्टिकोण से यह पुस्तक संविधान के उषाकाल की उपज है। रात समाप्त होती है। सूर्योदय होता है। इसके बीच जो काल होता है, उसे उषाकाल कहते हैं। हम उसे आभाकाल भी कह सकते हैं। इसलिए क्योंकि सूर्योदय की आभा से भ्रम का अँधेरा दूर होने लगता है। उषाकाल की इस पुस्तक में संविधान के ज्यादातर आयाम आ गए हैं। यह समय विशेष है। इसकी एक खास पहचान है। उसमें से एक आजादी के अमृत महोत्सव का एक बड़े अभियान के रूप में संपन्न होना भी है। 31 अक्तूबर, 2023 को 'मेरी माटी-मेरा देश' अभियान पूरा हुआ। इंडिया गेट के पास जहाँ देश के लिए बलिदानियों की याद में राष्ट्रीय समर स्मारक है, वहाँ प्रधानमंत्री नरेंद्र मोदी ने एक अमृत वाटिका की नींव रखी है।

संविधान का अमृत महोत्सव मनाया जाना है। लेकिन संविधान सभा के पहले दिन का जब अमृत महोत्सव आया, तो इसे प्रधानमंत्री नरेंद्र मोदी ने याद रखा। उस दिन उन्होंने एक ट्वीट किया। यह साधारण सी बात नहीं है, क्योंकि प्रधानमंत्री की व्यस्तता से हर कोई परिचित है। उतना ही यह बात भी लोगो को चकित करती रहती है कि वे हर महत्त्वपूर्ण अवसर को याद करना अपना कर्तव्य समझते हैं। फिर भी यह याद रखना और देशवासियों को

बताना कि ‘आज से 75 साल पहले हमारी संविधान सभा की पहली बैठक हुई थी।’[4] यह याद दिलाकर उन्होंने युवा पीढ़ी से अपील की कि संविधान सभा की कार्यवाही के बारे में जानने का प्रयास करें। संविधान के प्रति गहरी निष्ठा न हो, तो ऐसा सहज उद्गार प्रकट नहीं हो सकता। इस पुस्तक के हर पन्ने पर संवैधानिक संस्कृति का ऐसा ही सकारात्मक अभिप्राय पढ़ने को मिलता है। अभिप्राय को समझना पड़ता है। अर्थ शाब्दिक होता है। इस पुस्तक का यह एक आयाम है।

संसद् के नए भवन के गर्भगृह में संविधान की मूल प्रति की रिप्लिका रखना भी प्रधानमंत्री नरेंद्र मोदी की इसी भावना और प्रेरणा का परिणाम है, जो हमारे सांसदों को संविधान के प्रति निष्ठा का बोध कराता रहेगा। संविधान के जितने सारे आयाम हो सकते हैं और जिनका संबंध भारत के पुनरोत्थान से है, वे सभी आयाम इस पुस्तक में सूत्ररूप में उपलब्ध हैं। इन सूत्रों से संविधान को जानने और फिर मन से मानने की पगडंडी मिल जाती है। इसे पढ़ते हुए हर पाठक को यह समझने और उस पर सोचने का अवसर मिलेगा कि वह कैसे एक सचेत और सार्थक नागरिक बन सकता है। हमारा संविधान नागरिक केंद्रित है। इस पर शुरू से ही प्रश्न भी बने हुए हैं। भारत का समाज परिवार-आधारित है। संविधान में परिवार का स्थान नहीं है, नागरिक का है। इसलिए एक विवाद भी बना हुआ है। लेकिन उस विवाद को वितंडा का रूप अगर दिया जाता है, तो संभव है कि एक कलह का वातावरण बने। संभवत: इसे ही भलीभाँति समझकर अपनी सूझबूझ से प्रधानमंत्री नरेंद्र मोदी के संबोधन में देश का हर नागरिक होता है। उनके लिए भारत उनका परिवार है। इस तरह भारत का हर नागरिक उनके परिवार का एक सदस्य है। नागरिक के अधिकार संविधान में वर्णित हैं। उसमें कर्तव्य भी शामिल किया गया है। जिस समय कर्तव्य का अंश जुड़ा, वह असामान्य था। लेकिन कर्म और कर्तव्य के देश के निर्माण में महत्त्व को प्रधानमंत्री नरेंद्र मोदी अपने आचरण से स्थापित करते हैं। इसलिए उचित समय पर उन्होंने राजपथ को ‘कर्तव्यपथ’ में रूपांतरित किया। इससे नागरिकता को नया अर्थ मिला, जो प्रेरक है।

प्रधानमंत्री नरेंद्र मोदी संविधान को अक्षरशः मानते हैं। किसी को अगर संदेह हो और उसके मन में प्रश्न हो, तो इस पुस्तक में उसे समाधान मिल जाएगा। कौन नहीं जानता कि प्रधानमंत्री नरेंद्र मोदी हर माह के अंतिम सप्ताह में अपने 'मन की बात' प्रकट करते हैं। इसमें कोई व्यवधान नहीं हुआ है। 'मन की बात' की जब 100वीं कड़ी पूरी हुई, तब पूरे देश में स्थान-स्थान पर बड़े मनोयोग से नागरिक जुड़े। जो पहली कड़ी से ही जुड़े रहते थे, उनका दायरा बहुत बढ़ा। 'मन की बात' का इस पुस्तक में एक संदर्भ है। उसे बताने से पहले यह कहना जरूरी है कि यह एक अराजनीतिक मंच है। इसे सामाजिक-सांस्कृतिक मंच की पहचान प्राप्त हुई है। मेरा मत है कि 'मन की बात' किसी नामसंज्ञा से परे होकर जन-जन में छा गई है। ऐसे सामाजिक-सांस्कृतिक मंच से उन्होंने अपने प्रधान मंत्रित्व काल के तीसरे साल में कहा कि 'भारत का संविधान हमारे लोकतंत्र की आत्मा है।'[5] आत्मा से भला कौन होगा जो अपरिचित हो! इसे हर व्यक्ति सुनता है और वह अपना अर्थ भी इसमें ढूँढ़ लेता है। एक संत ने आत्मा की बड़ी सरल परिभाषा की है। वह है, आत्मा का अर्थ 'अपना' होता है। जिसे मृत्यु भी अलग न कर सके। प्रधानमंत्री नरेंद्र मोदी भी जब यह कहते हैं कि संविधान हमारे लोकतंत्र की आत्मा है, तो वे एक महाउद्घोष कर रहे हैं कि अनादि काल से भारत में लोकतंत्र है, जिसे संविधान स्वर देता है। इस तरह संविधान और लोकतंत्र के संबंध अटूट हैं। इस पर ही लोग यकीन कर रहे हैं।

संविधान पर प्रधानमंत्री नरेंद्र मोदी का हर कथन उनके सृजनशील चिंतन-मनन का द्योतक है। संविधान के शब्दों और अनुच्छेदों में परंपरागत वैधानिक शब्दावली है। वैसे ही जैसे कि तर्कबद्ध सूत्र होते हैं। उसे वे ही समझ सकते हैं, जिनकी उस शब्दावली में गति होती है। इसी अर्थ में यह बात एक मुहावरे के रूप में चल पड़ी थी कि संविधान तो वकीलों का स्वर्ग है। इससे यह बात निकलती है कि संविधान को वे ही समझ सकेंगे, जो कानून के जानकार हैं। इस कारण भी संविधान से नागरिक की एक तरह की दूरी बनी हुई थी। संविधान और नागरिक में प्रधानमंत्री नरेंद्र मोदी ने एक सेतु का निर्माण किया है। एक छोर पर नागरिक था, तो दूसरे छोर पर संविधान। उसे

उनके बनाए सेतु ने जोड़ दिया है। नागरिकता के कई आयामों को उन्होंने अपने विभिन्न अवसरों पर दिए भाषण में समझाया है। इसका विचार पहले भी एक–दो प्रधानमंत्री करते पाए जाते हैं। लेकिन किसी ने भी इसको समझाने का बीड़ा उस तरह नहीं उठाया, जैसाकि प्रधानमंत्री नरेंद्र मोदी ने शुरू किया हुआ है। वे एक अभियानी पुरुष हैं। संविधान के अभियान को पंख उन्होंने दिया है। इससे लोग संविधान से अपनी आत्मीयता भी अनुभव करने लगे हैं। यह भी हुआ है कि संविधान की गतिशीलता, जो लोगों के ध्यान में नहीं थी, वह अब स्पष्ट होने लगी है। इसीलिए इस पुस्तक के पाठक को इस बात पर थोड़ी हैरानी जरूर होगी कि यह उसे पहले क्यों नहीं मिली। इस पुस्तक को पढ़ने की ललक जैसे–जैसे बढ़ेगी, वैसे–वैसे हमारा संविधान राष्ट्र के पुनर्निर्माण का वाहक बनता जाएगा। प्रधानमंत्री नरेंद्र मोदी ने जो अभियान सहज ही चलाया है, वह इस तरह अपनी मंजिल प्राप्त कर सकता है।

इसलिए पहली बात, सबसे पहले हर भारतीय को यह स्वीकार करना ही चाहिए कि मननशील प्रधानमंत्री नरेंद्र मोदी ने संविधान दिवस की आवश्यकता समझी। उसका महत्त्व भी समझा। संविधान दिवस का न मनाया जाना उन्हें जरूर खटका होगा। इसका अभाव उन्हें खला होगा। मन में एक पीड़ा पैदा हुई होगी। इस तरह का अनुभव कोई नया नहीं है। नया है, इस संसदीय लोकतंत्र में ऐसे राजनेता का चुनकर आना, जो कि मननशील है। मननशील शब्द में बहुत कुछ छिपा हुआ है। उसे अनेक दार्शनिकों ने समझाया है कि जो विपरीत परिस्थितियों में निश्चय–पूर्वक सकारात्मकता के तत्त्व खोज लेता है, उसे ही मननशील कहा जाता है, जो आरोपों को अपनी शक्ति बना लेता है, वह मननशील होता है। जो प्रतिक्रिया से परे आत्मविश्वास के व्यक्तित्व का धनी होता है, उसकी पूँजी मननशीलता में होती है। यही बात उस दिन और सही समय पर एक अनपेक्षित, पर मरहम लगाती घोषणा के रूप में प्रकट हुई। अवसर भी कम महत्त्व का नहीं था। मुंबई में एक स्थान है, जिसे लोग इंदु मिल की जमीन की संज्ञा से पहचानते थे। अब वहाँ बाबा साहब आंबेडकर का एक स्मारक है। उसी के शिलान्यास का अवसर था। 11 अक्तूबर, 2015 की तारीख थी। उस दिन प्रधानमंत्री नरेंद्र मोदी ने एक

नई घोषणा की। वह यह कि '26 नवंबर' को हमेशा याद रखना चाहिए, क्योंकि वह दिन भारत के इतिहास में एक बड़ी उपलब्धि का भाव जगाता है। उसी दिन संविधान बनने का कार्य पूरा हुआ था। वह एक सपने का साकार होने का अवसर था।

अपनी घोषणा से प्रधानमंत्री नरेंद्र मोदी ने संविधान की एक बड़ी, परंतु बिल्कुल नई लकीर खींच दी। वह हर भारतीय के मन को भा गई। इससे देशवासियों के संविधान संबंधी दृष्टिकोण में बदलाव आने लगा। उससे तत्काल दो बातें घटित हुईं, जो होनी ही चाहिए थीं। पहली यह कि भारत सरकार ने एक अधिसूचना जारी की, जिसमें संविधान दिवस मनाने का निर्णय बताया गया था। दूसरी बात भी उसी से अपने आप संपन्न हो गई। यह जो दूसरी बात है, वह अत्यंत महत्त्वपूर्ण है। इसे एक प्रश्न से समझना सरल होगा। प्रश्न है, क्यों 2015 से पहले संविधान दिवस नहीं मनाया जाता था? इसी से दूसरा प्रश्न भी पैदा होता है। वह यह कि क्या सत्ता प्रतिष्ठान चाहता था कि भारत के लोग अपने संविधान से बहुत परिचित न हों? इसका उत्तर हर व्यक्ति का अपना होगा। कुछ लोग अनुमान लगाएँगे। वह उनका अपना विचार होगा और उसके आधार पर वे नतीजा निकालेंगे। अगर किसी के इरादे पर शक न भी करें, तो इस तथ्य को सभी स्वीकार करना चाहेंगे कि ऐसी घोषणा पहली थी। इसे पूर्व नेतृत्व की लापरवाही मानने में कोई हर्ज नहीं है।

कुछ लोग इसे असावधानी कहकर कमतर आँक सकते हैं। ऐसे लोग भी मिल जाएँगे, जो कहेंगे कि विधि दिवस तो मनाया ही जाता था। वे अपनी जगह सही हैं। लेकिन अगर उनसे यह पूछें कि 'विधि दिवस' मनाने की शुरुआत कब हुई, तो एक नया रहस्य खुलेगा। इमरजेंसी से पीड़ित वकीलों ने लोकतंत्र की पुन: बहाली के दो साल बाद इसकी शुरुआत की थी। राम जेठमलानी की वह पहल थी। विधि दिवस और संविधान दिवस में जमीन-आसमान का फर्क है। संविधान दिवस से संवैधानिक क्रांति की प्रक्रिया प्रारंभ हुई है। यह बहुआयामी है। इसके अनेक पहलू हैं, जिसका मूल है, सामाजिक लोकतंत्र को बलशाली बनाना। इसी में वह अत्यंत महत्त्वपूर्ण बात है, जिसे डॉ. भीमराव आंबेडकर ने संविधान सभा के अपने आखिरी भाषण में चिह्नित

किया था। उन्होंने कहा था कि हमें केवल राजनीतिक लोकतंत्र से ही संतुष्ट नहीं हो जाना चाहिए, बल्कि उसे सामाजिक लोकतंत्र का रूप देना चाहिए।[6] प्रधानमंत्री नरेंद्र मोदी ने उस संदेश को कैसे जन-जन तक पहुँचाया जाए, यही सोचकर मुंबई में उस दिन अपील की होगी कि 'स्कूल-कॉलेज में हिंदुस्तान के बच्चे-बच्चे को संविधान कैसे बना, क्यों बना, यह बात बताने की नियमित व्यवस्था होनी चाहिए।'[7]

प्रधानमंत्री नरेंद्र मोदी की अपील को लोगों ने हाथोहाथ अपना लिया। मानो देशवासी इसकी वर्षों से प्रतीक्षा कर रहे हों। वास्तव में ऐसा था भी। संविधान दिवस मनाने के आयोजन होने लगे। घर-घर, गली-गली, स्कूल, कॉलेज और विश्वविद्यालय इस प्रयास में बढ़-चढ़कर शामिल हुए। इसी क्रम में छोटे-बड़े नागरिक संगठनों, संस्थाओं और संविधान के जिज्ञासुओं ने भी आयोजन किए और करते आ रहे हैं। संविधान का आकाश खुला। वह अदालतों की खिड़कियों से जो देखा जाता था, वह मैदान में आकर अपनी खुली आँखों से देखने का दृश्य बना। इस तरह संविधान दिवस एक स्वत:स्फूर्त राष्ट्रीय पर्व बन गया। इन आयोजनों से एक बौद्धिक विमर्श प्रारंभ हुआ। यह संविधान के इतिहास में एक नया अध्याय जुड़ने जैसी घटना है। यह एक कड़ी भी है—अतीत, वर्तमान और भविष्य की। इस प्रकार संविधान दिवस मात्र एक घटना नहीं है, यह तो एक प्रक्रिया के प्रारंभ होने का अमिट अवसर बन गया है। एक दृष्टि से यह निजी, सामूहिक, संस्थागत और समाजव्यापी जागरण का भी प्रतीक हो गया है। यह जागरण भारत की लोकतांत्रिक परंपरा में है। इससे हर नागरिक समझ सका है कि संविधान से एक राज्य-व्यवस्था निकलती है। वह अधिक जवाबदेह हो, इसलिए जो लोग संविधान के बारे में सरोकारी थे, वे आज संतोष के भाव से भरे हुए हैं।

प्रश्न यह है कि इसे प्रधानमंत्री नरेंद्र मोदी के हल्के और गहरे रंग में रँगे आलोचक क्यों नहीं देख पा रहे हैं? क्या वे भारत में सचेतन नागरिक बनने की प्रक्रिया को अपने लिए बड़ा खतरा मानते हैं? अगर ऐसा है तो लोग तय करेंगे कि कौन सही है। समाज में चारों तरफ जो घटित हो रहा है, जिसका संबंध संविधान की चेतना से है, उसे आँख खोलकर अगर कोई देखता है,

तो वह इस नतीजे पर पहुँचेगा कि प्रधानमंत्री नरेंद्र मोदी ने संविधान को हर नागरिक के लिए सुबोध बनाया है। इसीलिए बिना किसी हिचक और संदेह के हर व्यक्ति मानने लगा है कि एक बड़ी बात संविधान की बाबत हुई है। वह यह कि देश में संविधान की साक्षरता बढ़ी है। पहले इसका घोर अभाव था। संविधान के प्रति साक्षरता का अगला चरण है, संविधान को जानना। अब क्रम बदल गया है। जो जाने बिना संविधान को अपने राजनीतिक दृष्टिकोण से देखते रहे हैं, वे भी मत परिवर्तन की प्रक्रिया से गुजर रहे हैं।

देश के प्रबुद्ध जन लंबे अरसे से जिसे भारत के लोकतांत्रिक गणराज्य की बड़ी विडंबना समझते थे, वे अब संविधान दिवस से पैदा हुई चेतना को लोकतंत्र का वरदान मान रहे हैं। स्वाधीनता संग्राम में राष्ट्रीयता की चेतना के जो-जो महापुरुष हैं, उनका हर तरह से यही प्रयास था कि भारत के लोग अपनी सांस्कृतिक परंपरा के विस्मरण से निकलें। विस्मरण से निकलना ही उस चेतना से जुड़ना है, जिसका भारत अनादिकाल से वाहक रहा है। संविधान दिवस से ऐसी ही चेतना का प्रसार प्रारंभ हुआ है। संविधान दिवस से एक और बड़ी बात हुई है। वह है, लोकतंत्र की कुलीन तंत्र के बंधन से मुक्ति। यही है, सामाजिक लोकतंत्र के लिए बंद दरवाजों को खोलने का बड़ा साहस। इससे स्वतंत्रता को नया अर्थ मिला है। पुराण कथा का सहारा लेकर बात को स्पष्ट करना सरल है। संविधान शंकर की जटा में बंद हो गया था। वह संविधान दिवस से जन-जीवन में एक पवित्र प्रवाह बनकर उतरा है। इस रूप में नरेंद्र मोदी पहले प्रधानमंत्री हैं, जिन्होंने संविधान की सुध इस तरह ली कि उसे देश का राष्ट्रीय पर्व बना दिया। उन्हें लोकतांत्रिक भारत का 'भगीरथ' क्यों न माना जाए! अवश्य ही मानना चाहिए।

आज संविधान वहाँ है, जहाँ उसे होना चाहिए। वह चोटी पर है। राज्य व्यवस्था की छोटी-बड़ी धाराएँ उससे जीवन प्राप्त कर रही हैं। संविधान पर विमर्श की दिशा भी अब बदल गई है। उसके रास्ते की छोटी-मोटी अड़चनें दूर होने लगी हैं। संविधान वही है, लेकिन उसके बारे में दृष्टिकोण में तो भारी परिवर्तन आया है। पहले जो विमर्श था, वह भ्रम के दलदल में था। अब जो विमर्श है, उसमें स्पष्टता है। रास्ता साफ-सुथरा है। उसमें

सकारात्मकता है। यह बहुत बड़ा परिवर्तन है। हम जानते हैं कि हर प्रवाह दो आयामों में होता है। उसकी दो दिशाएँ होती हैं। आप पीछे लौट सकते हैं। आप भविष्य की ओर बढ़ सकते हैं। भारत का संविधान तो वही है, उसे देखें कैसे! यह हम तभी जान सकते हैं, जब संविधान पर पुराने विमर्श की जो प्रवृत्ति थी, उस पर ध्यान दें। पुरानी प्रवृत्ति लड़ने की थी। दूसरी प्रवृत्ति थी, संविधान की उपेक्षा करने की। प्रधानमंत्री नरेंद्र मोदी ने तीसरी प्रवृत्ति की राह दिखाई है। वह है, संविधान के प्रति जागने की। इस कारण संविधान पर पुराना विमर्श जो रहा है, वह बदलने लगा है। पुराना विमर्श विवादों से भरा था। आज विवाद ने रूप बदल लिया है। उसका रूप आलोचना का है। यह लोकतंत्र में विपक्ष की भूमिका का हिस्सा है। लेकिन आलोचना का कोई आधार भी होना चाहिए। वह जब नहीं दिखता है, तो स्वतंत्रता पर खतरे बढ़ जाते हैं। यह खतरा सिर्फ अभिव्यक्ति की स्वतंत्रता से ही संबंधित नहीं है, इसका संबंध व्यापक संवैधानिक मूल्यों से है। संविधान के संदर्भ में आलोचना की कसौटी के लिए दो शब्द हमें याद रखना चाहिए। एक, प्रामाणिक। दो, पथहीन आरोप। आरोप प्रामाणिक है या नहीं, इसकी जाँच-परख हो सकती है। लेकिन पथहीन आरोप तो लोकप्रियता को प्राप्त करने के लिए किया जाता है।

लेकिन जब बहाने खोजकर झूठ का सहारा लिया जाता हो और उसे फैलाने के इरादे से बार-बार दोहराया जा रहा हो, तब इसे बताना जरूरी हो जाता है कि सत्य क्या है! झूठ को सहारा चाहिए। वह दूसरों के सहारे खड़ा होता है। लेकिन सत्य अपने बल पर टिका रहता है और टिकता है। सत्य को न सहारा चाहिए, न कोई आवरण। इस पुस्तक में सत्य का एक बड़ा खुलासा है। विपक्ष और उसके सुर में अपना-अपना सुर मिलाने वाले मार्क्सवादी बुद्धिजीवियों के तर्क उनके बयानों में हैं। उनकी पुस्तकों में हैं। वे पुस्तकें, जो संविधान और राज्यव्यवस्था पर हैं। उनका यहाँ विवरण देना गैरजरूरी है। जरूरी जो है, वह एक अकाट्य तर्क है। जिसे उन लोगों को जानना चाहिए, जो प्रधानमंत्री नरेंद्र मोदी की संविधान पर आलोचना करते हैं। वह आलोचना है या उनकी भड़ास? इसका निर्णय कैसे हो, यह प्रश्न बड़ा

है। उसे प्रश्न ही रहने दें और यह जानें कि वह अकाट्य तर्क क्या है ? बात 2010 की है। संविधान के साठ साल पूरे हुए थे। गुजरात के मुख्यमंत्री नरेंद्र मोदी ने सुरेंद्र नगर में संविधान की एक शोभा यात्रा निकाली। उस अवसर पर उनका भाषण हुआ। उसका एक वाक्य है, 'संविधान हमें शक्ति देता है, प्रेरणा देता है और हमें जोड़ता है।' ये उद्‌गार संविधान के प्रति अनन्य निष्ठा के बगैर प्रकट हो ही नहीं सकते।

प्रधानमंत्री का पद सँभालते ही उन्होंने अपनी उस संवैधानिक निष्ठा का राष्ट्रीय स्तर पर विस्तार किया। उसे गहराई दी। संविधान को 21वीं सदी की प्रेरणा का स्रोत बनाया। प्रधानमंत्री नरेंद्र मोदी के संविधान संबंधी पहले भाषण का सारभूत है, संवैधानिक चेतना। यह सभी मानेंगे कि संवैधानिक चेतना पहले दिन से ही है। लेकिन तब और अब में जो फर्क आया है, वह ध्यान देने योग्य है। 2014 से पहले की संवैधानिक चेतना में दलीय दृष्टि शामिल थी। प्रधानमंत्री नरेंद्र मोदी ने उसे दूर किया है और विशुद्ध बनाया है। संविधान को दलीय हितों के परे पहुँचाया है। इस तरह संविधान का संबंध राष्ट्रीयता के प्रवाह से बना है। पहले यह दलीय हितों की दृष्टि से देखा जाता था। संविधान के प्रधान शिल्पी बाबासाहब आंबेडकर की भावना और दृष्टि को प्रधानमंत्री नरेंद्र मोदी ने सही परिप्रेक्ष्य में समझा है। उसे नागरिकों के मन में बैठाने का अभियान चलाया है। इसे उनके भाषणों में आसानी से हम पाते हैं। दूरबीन लेकर कहीं खोजने जाने की जरूरत नहीं है।

इसी से संवैधानिक संस्कृति का प्रवाह निकलेगा। उसका प्रारंभ हो गया है। इसी अर्थ में यह पुस्तक अपने पाठकों को अनेक सकारात्मक संदेश देती हैं। उनमें से एक का उल्लेख आवश्यक है। प्रधानमंत्री नरेंद्र मोदी ने संविधान को जानने पर जोर दिया है। इसमें भारत की मनीषा का आग्रह हम पाते हैं। यह ज्ञानार्जन का आग्रह है। इसमें विचार पद्धति का अपना महत्त्व है। लेकिन संविधान को विचार पद्धतियों की छोटी-बड़ी धाराओं से अगर बाँधा जाता है, तो वह देश-समाज और राष्ट्र के लिए बाधक ज्यादा होगा, साधक कम। इसीलिए संविधान सभा ने किसी सिद्धांत के प्रतिपादन पर अपने को नहीं टिकाया। भारत के उन आदर्शों को अपनाया, जिनका संबंध स्वराज्य और

सुराज से है। इस पर बहुत बहस हुई है और भविष्य में भी होगी।

एक दौर था, जब संविधान के सच पर विवाद था। वह वास्तव में अपने-अपने सच और उसके प्रकार पर विवाद ज्यादा था। उस दौर में ही पहला संवैधानिक संशोधन किया गया। उसे प्रस्तुत करते हुए पं. जवाहरलाल नेहरू के संसद् में ये शब्द थे, 'हमने यह पाया कि हमने जो शानदार संविधान बनाया था, बाद में वकीलों ने उसे अगवा करके उस पर कब्जा कर लिया।'[8] वह संविधान में पहला संशोधन था। लेकिन उसे हर दृष्टि से 'असंवैधानिक संशोधन' कहेंगे, क्योंकि राज्यसभा अस्तित्व में नहीं आई थी। कोई संशोधन संसद् के दोनों सदनों से पारित कराने की संवैधानिक व्यवस्था है। इसका उल्लेख यहाँ यह रेखांकित करने के लिए है कि 18 जून, 2022 का अवसर ऐसा था, जब प्रधानमंत्री नरेंद्र मोदी उसका उपयोग कर उस असंवैधानिक संशोधन और उसके लिए जिम्मेदार जवाहरलाल नेहरू की बहुत सही आलोचना कर सकते थे। उन्होंने इसके विपरीत अपनी संवैधानिक सृजनशीलता का परिचय दिया और उसे बहुतों ने सुना।

प्रधानमंत्री नरेंद्र मादी के ये शब्द हैं, 'आज के ही दिन 18 जून (1951) को मूल संविधान के पहले संशोधन पर तत्कालीन राष्ट्रपति डॉ. राजेंद्र प्रसादजी ने हस्ताक्षर किए थे। यानी आज का दिन हमारे संविधान की लोकतांत्रिक गतिशीलता का पहला दिन था।' विशुद्ध संवैधानिक चेतना का इससे बेहतर उदाहरण खोजना कठिन है। प्रधानमंत्री नरेंद्र मोदी के कथन से कुछ और बातें भी समझी जा सकती हैं। जैसे यह कि संविधान में संशोधन को हमारे संविधान की कमजोरी नहीं मानना चाहिए। वे संविधान के इस आयाम को उन लोगों से भिन्न दृष्टि से देखते हैं, जो इसे कमजोरी मानते हैं। संविधान के पंडित भी अकसर कहते सुने जाते हैं कि अब तक 105 संशोधन किए जा चुके हैं। वे इसे भारत के संविधान की एक कमी बताते हैं।

क्या वास्तव में ऐसा है ? इसका उत्तर संविधान स्वयं देता है। संविधान में संशोधन का प्रावधान है। संविधान संशोधन की प्रक्रिया का स्पष्ट उल्लेख है। कहीं भी इसका उल्लेख नहीं है कि संविधान के किसी अंश को कभी भी और किसी भी हालत में संशोधित नहीं किया जा सकता। इसकी अकसर

संविधान पर चर्चा के दौरान उपेक्षा कर दी जाती है। लेकिन है यह बहुत महत्त्वपूर्ण, बल्कि कहना चाहिए कि भारत के संविधान का यह एक मूल तत्त्व है। इसका अर्थ यह है कि संविधान के किसी भी हिस्से को संशोधित किया जा सकता है। इसी कारण उद्देशिका में भी संशोधन किया जा सका, हालाँकि वह समय आपातकाल का था। लेकिन वह संशोधन प्रक्रियागत था। दुनिया के आधे से ज्यादा देश लिखित संविधान के अधीन हैं। दुनिया के ज्यादातर संविधानों में स्पष्ट लिखा हुआ है कि फलाँ अंश को संशोधित नहीं किया जा सकता है। इससे यह प्रश्न भी खड़ा होता है कि भारत के संविधान में केशवानंद भारती मामले के फैसले से क्या वास्तव में संविधान के मूल ढाँचे का सिद्धांत निकला? इस पर विवाद है, क्योंकि वह फैसला मूल ढाँचे को परिभाषित नहीं करता। सुप्रीम कोर्ट के विभिन्न फैसलों से मूल ढाँचे के सिद्धांत का प्रतिपादन किया गया है। इसीलिए सुप्रीम कोर्ट के पूर्व मुख्य न्यायाधीश रंजन गोगोई ने 7 अगस्त, 2023 को राज्यसभा में कहा कि मूल ढाँचे का सिद्धांत विवादास्पद है। इस कथन की अनदेखी तो की नहीं जा सकती, इसलिए वर्तमान मुख्य न्यायाधीश डी.वाई. चंद्रचूड़ ने तुरंत अपना मत प्रकट किया कि पूर्व मुख्य न्यायाधीश का बयान उनका निजी मत है। ऐसा है भी। लेकिन इससे कौन इनकार कर सकता है कि इस सिद्धांत का सहारा लेकर संसद् की शक्ति पर अंकुश लगाने के अनेक प्रयास हुए हैं। निर्णायक प्रश्न यह है कि मूल ढाँचे के सिद्धांत से क्या संविधान निर्माता अपरिचित थे? इसका उत्तर स्पष्ट है कि वे परिचित तो थे ही, इसीलिए संविधान में संशोधन पर कोई किसी तरह का प्रतिबंध नहीं लगाया। संविधान संशोधन की विधियाँ बताईं।

प्रधानमंत्री नरेंद्र मोदी ने संविधान की कमजोरियों पर चर्चा के दौर पर अपनी ओर से विराम लगा दिया है। इससे नया दौर शुरू हुआ है। अनेक प्रधानमंत्री संविधान की आलोचना करते रहे हैं। इंदिरा गांधी ने तो संविधान पर हमला ही कर दिया था। वह दौर अब अतीत की बात हो गई है। संविधान के प्रति विश्वास पैदा हो, यह इस दौर का मुख्य स्वर है। जिसका वातावरण प्रधानमंत्री नरेंद्र मोदी ने अपनी पहल से बनाया है। संविधान सभा

की कार्यवाही में, संविधान में और संविधान की यात्रा में आलोचना, कुछ प्रश्न और विरोध के स्वर मिले-जुले रहे हैं। यह अपना-अपना दृष्टिकोण है कि कौन क्या चुनता है। जो जिस पक्ष पर ज्यादा ध्यान देगा, उसे ही वह अपना स्वर बनाएगा। संविधान की आलोचना एक बात है और संविधान की निंदा बिल्कुल दूसरी बात है। आलोचना के लिए अवसर आज भी है, लेकिन निंदा का समय समाप्त हो जाना चाहिए, समाप्त हुआ नहीं है।

संसदीय राजनीति में आलोचना आवश्यक है। लेकिन उसका लक्ष्य अगर निषेध का है, तो वह किसी भी तरह से हितकर नहीं है। आलोचना की यही मर्यादा है। निषेध से मुक्ति पाते ही व्यक्ति हो या समाज अपने मूल की तरफ लौटता है। यही इस समय हो रहा है। भारत अपनी मूल धारा की ओर लौटने लगा है। भारत की मूल धारा जीवन को उसकी समग्रता में स्वीकार करती है। उसको पूर्णता में स्वीकार करती है। इसका एक अर्थ है। उसे बिना समझे बात स्पष्ट नहीं हो सकेगी। वह यह है कि परिस्थिति जो भी हो और जीवन जैसा भी है, पहले उसे स्वीकार करें। फिर उसे बदलने के प्रयास करें। बदलाव वही प्रभावी होता है और टिकाऊ होता है, जिसमें सकारात्मकता होती है। जिसमें स्वीकृति का भाव होता है। अगर कहीं कोई खर-पतवार आ गया है, तो उसे स्वीकृति के भाव से व्यर्थ मानकर निकाल देना भी सकारात्मकता है। विचारों का खर-पतवार ही वास्तव में एक काल्पनिक जगत् बनाता है।

वह काल्पनिक जगत् विचार की दृष्टि से मार्क्सवाद है और समाजवाद है। ये विचारधाराएँ अतीत के सुखद सपने रह गई हैं। ये सुनने में मजेदार हैं और सपने में भी कम मजेदार नहीं हैं। यह बात अलग है कि भारत की प्रकृति से इनका कोई मेल नहीं है। यह प्रारंभ से ही हमें हमारे महापुरुष बताते रहे हैं। यहाँ प्रश्न यह है कि क्या इन विचारधाराओं के प्रभाव में संविधान के प्रति आलोचना या निंदा की दृष्टि बनी और विकसित होती गई, जिससे हमारा संवैधानिक नेतृत्व उल्टी राह पर चल पड़ा? मार्क्स का कथन है कि परिस्थितियाँ आधारभूत होती हैं। वही मनुष्य को गढ़ती है। मनुष्य परिस्थितियों को नहीं गढ़ता। इसके विपरीत भारत की यह मूल दृष्टि है कि मनुष्य अपने भविष्य का निर्माता स्वयं है। वही परिस्थिति को बनाता है। अगर परिस्थिति

विपरीत है, तो उसमें यह क्षमता भी है कि वह उसे अनुकूल बना सके। मूल बात यह हुई कि मनुष्य में पुरुषार्थ की क्षमता होती है। इसीलिए भारत ने पुरुषार्थ की अवधारणा दी। इसमें परिस्थिति जड़ है और मनुष्य में पुरुषार्थ की चेतना में गतिशीलता है। हमारे पौराणिक आख्यान में प्रह्लाद की कथा इसी सच से हमें अवगत कराती है।

विपक्ष की 2014 से ही एक रट है। उसका संबंध संविधान के चारों तरफ शब्दों की खोल बनाने से है। वह खोल भ्रम निर्माण का है। उसे हटाकर सच को जानना जरूरी है। इसलिए विपक्ष की शब्द खोल से जो भी प्रतीत होता है, जरूरी नहीं है कि वह सच हो। जो प्रतीत होता है, वह विपक्ष की अपनी दृष्टि है। विपक्ष जो देखना चाहता है, उसमें वह शामिल है। एक दु:खी आदमी अपने चारों तरफ दु:ख ही देखता है। विपक्ष भी जो देखता है, वह उसकी व्याख्या है। सच की खोज के लिए यह फर्क जानना चाहिए। सच के लिए जरूरी है कि विपक्ष अपनी व्याख्या छोड़े और वह अनुभव करे जो प्रधानमंत्री के संविधान संबंधी कथन में है। इससे विपक्ष में एक लोकतांत्रिक सहज भाव पैदा हो सकता है। जिसे भारत की भाषा में लोकतांत्रिक प्रज्ञा कहेंगे। इसकी एक छोटी सी शर्त है। विपक्ष स्वयं से प्रश्न करे और पूछे कि संविधान को स्वतंत्रता के पश्चात् किस राजनीतिक नेता ने सबसे बड़ा सम्मान प्रदान किया?

इस प्रश्न से विपक्ष को स्पष्ट उत्तर मिल सकता है। उसे उत्तर मिलेगा कि वे प्रधानमंत्री नरेंद्र मोदी हैं। दूसरी बात भी विपक्ष अनुभव कर सकता है कि संविधान पर प्रधानमंत्री नरेंद्र मोदी ने अपने किसी पूर्ववर्ती की आलोचना नहीं की है। उनकी सराहना अवश्य की है। ऐसे प्रधानमंत्री पर गजब के राजनीतिक लांछन लगाए जाने का सिलसिला जोरों से चलाने का प्रयास पहले दिन से हो रहा है। यह हैरानी की बात है। होना तो यह चाहिए कि जो लोग लांछन लगा रहे हैं, वे प्रधानमंत्री नरेंद्र मोदी का अनुग्रह मानें कि उन्होंने संविधान को जन-जीवन में सर्वोच्च स्थान पर स्थापित कर दिया है। घर-घर में संविधान पहुँच गया है। उसी तरह जैसे कोई अपने घर में अपना धर्मग्रंथ रखता है और उससे प्रेरणा लेता है। उसका पाठ करता है। बजाए इसके

विपक्ष आदतन ऐसे आरोपों की झड़ी लगा रहा है, जिसका कोई सिर–पैर नहीं है। सोनिया गाँधी, राहुल गांधी आरोप लगाएँ कि प्रधानमंत्री नरेंद्र मोदी संविधान की धज्जियाँ उड़ा रहे हैं, तो कोई उसे अचरज नहीं मानेगा, क्योंकि लोग जानते हैं कि इनका पढ़ने-लिखने से कोई दूर–दूर का संबंध नहीं है। लेकिन मल्लिकार्जुन खड़गे जैसा नेता भी यही कहे तो आश्चर्य होता है। उसी कड़ी में जयराम रमेश और शशि थरूर हैं। शशि थरूर ने अपनी पुस्तक में संविधान संबंधी उलजलूल आरोप के लिए एक अध्याय भी लिखा है।[9] खड़गे साहब ने इसी साल स्वतंत्रता दिवस पर कांग्रेस मुख्यालय में कहा कि देश के संविधान और लोकतंत्र पर खतरा गहराता जा रहा है।

क्या इस तरह का आरोप संगत है? प्रधानमंत्री नरेंद्र मोदी पर संविधान के बाबत इस तरह के आरोप में संगति दिखती नहीं है। अपने आरोप को विपक्ष दोहराकर अपना मजाक बना रहा है। इसमें कांग्रेस की राजनीतिक विवशता और विडंबना जरूर दिखती है। वह यह कि कांग्रेस को एक तीर की खोज है। उसे एक किनारे की खोज करनी चाहिए। लेकिन वह राजनीतिक तीर की तलाश में है, जिसे वह प्रधानमंत्री नरेंद्र मोदी पर चला सके। लेकिन तीर खोजना भी शांत मन का काम है, बौखलाहट का नहीं। इसी साल ७ अक्तूबर को इंडियन एक्सप्रेस ने अपने संपादकीय पेज पर चालीस साल पहले के विपक्षी जमावड़े के एक बड़े बयान का सार छापा है। उस समय श्रीनगर में कुछ विपक्षी नेताओं का एक सम्मेलन हुआ था। वह तीन दिवसीय था। उन दिनों ऐसे सम्मेलन जगह–जगह हो रहे थे। श्रीनगर सम्मेलन की इस खबर में विपक्ष की चिंता दोहरी है। एक, देश के विघटन का खतरा है, क्योंकि केंद्र में सत्ता का एकाधिकार कायम हो गया है। दो, संविधान के साथ खिलवाड़ किया जा रहा है। उस समय इंदिरा गांधी प्रधानमंत्री थीं। सत्ता में 1980 में दुबारा आई थीं। विपक्ष के कुछ नेता जो श्रीनगर में जमा थे, उनमें से दो इस समय भी सशरीर हैं और राजनीति में सक्रिय हैं। वे दोनों विपक्षी गठबंधन में उसी तरह अपनी गरदन ऊँची कर रहे हैं, जैसे कि किसी स्वयंवर में वरमाला के लिए उपस्थित झुंड में सम्मिलित एक अभ्यर्थी करता है। वे हैं, शरद पवार और डॉ. फारूक अब्दुल्ला। हम जानते हैं कि लोकसभा चुनाव

लोकतंत्र का स्वयंवर होता है। जिस इंदिरा गांधी ने अपनी कुरसी बचाने के लिए लोकतंत्र का गला घोट दिया था, उनकी दुबारा वापसी पर ऐसी आशंका तब स्वाभाविक थी। उन पर तानाशाही का आरोप सहज ही चिपक जाता था। लेकिन उसी तर्ज पर आज भी जब विपक्षी नेता संविधान के बारे में आरोप की भाषा में बोलते हैं, तो क्यों नहीं यह मान लें कि यह उनकी संवैधानिक निष्ठा नहीं है, उनका यह राजनीतिक तकियाकलाम है।

प्रधानमंत्री नरेंद्र मोदी ने संविधान को आकांक्षी भारत, स्वावलंबी भारत, समर्थ भारत और वसुधैव कुटुंबकम् का संदेशवाहक बनाया है। ऐसा कर उन्होंने संविधान पर विमर्श की सृजनशील दिशा सुनिश्चित कर दी है। विपक्ष उसे समझे, तो नए भारत के निर्माण में उसकी भूमिका भी सकारात्मक होगी। यही इस समय की जरूरत भी है। यह समय इस मायने में विशेष है कि संविधान से अपेक्षाएँ लोगों की बढ़ी हैं। यही प्रधानमंत्री नरेंद्र मोदी का बहुत बड़ा योगदान है। अगर न बढ़ी होती, तो फाली एस. नारीमन वह पुस्तक नहीं लिखते, जो उन्होंने संविधान पर लिखी है।[10] यह पुस्तक कुछ दिन पहले ही प्रकाशित हुई है। इसमें प्रधानमंत्री नरेंद्र मोदी का इस रूप में प्रभाव दिखता है कि संविधान को समझाने का इसमें एक नया प्रयास है। प्रधानमंत्री नरेंद्र मोदी का आह्वान है कि संविधान को हर नागरिक जाने। यह पुस्तक भी भारत के संविधान को जानना ही चाहिए, इसीलिए लिखी गई है। ऐसी पुस्तक पहले क्यों नहीं आई?

कांग्रेस का जोर संविधान को जानने पर नहीं, मानने पर था। जानने और मानने में बड़ा फर्क है। बिना जाने, अगर लोग मानते हैं, तो वही मानेंगे, जो उन्हें बताया जाएगा। जानकर मानने के बाद किसी नागरिक को संविधान के बारे में भ्रमित नहीं किया जा सकता। प्रधानमंत्री नरेंद्र मोदी और कांग्रेस के दृष्टिकोण में जो जमीन-आसमान का फर्क है, वह यही है। संविधान से जहाँ अपेक्षाएँ बढ़ी हैं, वहीं उसे अपने मनोनुकूल बनाने के लक्ष्य से विपक्ष बयानों का घटाटोप निर्मित करने का प्रयास कर रहा है। संसदीय लोकतंत्र में यह द्वंद्व रहेगा। इससे संविधान की शक्ति बढ़ती है। संविधान की शक्ति-अर्जन की प्रक्रिया से सामाजिक यथार्थ की क्रांति घटित होती जाएगी। वह

शुरू हो गई है। जो सामाजिक यथार्थ था और है, वह बदलने लगा है। यह बदलाव नई व्यवस्था का आधार बनेगा। इसीलिए प्रधानमंत्री नरेंद्र मोदी जब यह कहते हैं कि 2014 मात्र एक तारीख नहीं है, बल्कि एक राष्ट्रीय बदलाव का प्रतीक है, तब उनके कथन को ठीक परिप्रेक्ष्य में समझना जरूरी हो जाता है। ऐसा बदलाव दीर्घकालिक होता है। वह इस तरह के बदलाव को जन्म देता है, जिसके परिणाम स्वरूप समाज उच्चतर जीवन मूल्यों और सभ्यता में प्रवेश करता है।

संविधान में भारत का नागरिक सत्ता का स्रोत है। यह बालिग मताधिकार से संभव हुआ है। भारत में लोकतंत्र की जड़ें अगर पाताल तक न होती, तो यह संभव नहीं था कि ऐसी लोकतांत्रिक क्रांति का साहस संविधान सभा कर पाती। वह क्रांति घटित हुई और उसकी परिणति निरंतर परिवर्तन में हो रही है। जिस संविधान से यह क्रांति घटित हुई, उस पर अपने शासनकाल में कांग्रेस ने सात पहरे बैठाए थे। जिसका संबंध उन संशोधनों से है, जो नागरिक के अधिकारों को कुंठित करता है। सरदार स्वर्ण सिंह कमेटी की रिपोर्ट में उसका वर्णन है। वह दौर समाप्त हो गया है। संविधान की महिमा और महत्ता से नागरिक अधिकार और कर्तव्य की चेतना से तदाकार है। प्रधानमंत्री नरेंद्र मोदी ने 'पंच प्रण' का मंत्र देकर उसे पंख लगा दिया है।

संवैधानिक क्रांति की एक कसौटी यह भी है कि वैचारिक नकल बंद हो। भारत अपनी समस्याओं के लिए अपने भीतर से समाधान खोजे। दुनिया की ज्यादातर क्रांतियाँ इसलिए विफल हुईं कि उनमें कठमुल्लापन था, पूर्व निर्धारित मापदंड थे और उनका रास्ता बेजान था। दुनिया के बड़े विद्वान भी अब यह मानने लगे हैं कि भारत में लोकतंत्र एक जीवन प्रणाली है। वे अपनी भूल स्वीकार करने लगे हैं। पश्चिम लोकतंत्र को एक शासन प्रणाली ही मानता रहा है। प्रधानमंत्री नरेंद्र मोदी ने अपने संविधान संबंधी भाषणों से बताया है कि भारत में लोकतंत्र अनादि काल से है। वह हर भारतीय के लिए जीवन जीने का एक ढंग है। जिसमें शासन, संस्कृति, अर्थ व्यवस्था, लोकतंत्र का ढांचा और नीतियाँ समयानुसार बनाई जाती हैं। जो शाश्वत है, वह लोकतंत्र है। जिसे हमारा संविधान अभिव्यक्त करता है। महाभारत में महर्षि

व्यास ने कहा है—मैं एक रहस्य की बात बताता हूँ कि मनुष्य से बढ़कर कुछ नहीं है। इसे ही ध्यान में रखकर भारत के संविधान ने माना कि नागरिक से बढ़कर कुछ नहीं है। नागरिक ही सब कुछ है। संविधान ने इस तरह एक प्रक्रिया दी है। जिससे लोकतांत्रिक संस्थाओं में समयानुकूल विकास संभव है, उससे लोकतंत्रवादी नागरिक का उदय भी होता है। प्रधानमंत्री नरेंद्र मोदी ने इस प्रक्रिया को बढ़ाया है और क्रांति अहिंसक और लोकतांत्रिक हो सकती है, यह अपने उदाहरण से सिद्ध किया है। ब्रिटिश दार्शनिक और राजनीतिज्ञ बर्टेंड रसेल अगर होते तो यह मानते कि प्रधानमंत्री नरेंद्र मोदी सचमुच उनके उस विचार को साकार कर रहे हैं, जिसे उन्होंने अपने एक भाषण में प्रकट किया था। उन्होंने अफसोस के साथ कहा था कि 'हम अभी तक यह नहीं जान पाए हैं कि हम अपने ज्ञान और दक्षता (कार्यकुशलता) का उपयोग कैसे करें कि हमारा जीवन सुखी और गौरवपूर्ण भी हो सके।'[11]

इसमें समूचे सामाजिक, सांस्कृतिक, राजनीतिक ढाँचे का पुनर्गठन भी सम्मिलित है। पहले संस्कृति व्यक्ति का निर्माण करती थी। आज जो परिवर्तन हुआ है उसमें व्यक्ति की महता स्थापित हुई है। इससे व्यक्ति की संस्कृति के निर्माण में भूमिका प्रधान होती जा रही है। इसमें गति के लिए जरूरी है कि समाज में आशा और आकांक्षा के बंद क्षितिजों को खोला जाए। यह संभव होने लगा है। इसी से संवैधानिक संस्कृति के पनपने, फूलने और फलने की गति बढ़ेगी। यह बढ़ती जाएगी। जिससे संविधान की व्यवस्थाएँ ऊर्जावान होंगी। संसदीय राजनीति में भ्रष्टाचार ने जो अपनी जगह बना ली थी, उस पर जो चोट लगातार हो रही है, वह संवैधानिक व्यवस्था का जरूरी कार्य है। इसे पहले करने में अनेक अड़चनें थीं। वे दूर होती जा रही हैं। उन्हें पूरी तरह से दूर किया जाना चाहिए। लोकतांत्रिक क्रांति की यह पहली शर्त है। अगर शर्त पूरी नहीं होती हैं, तो संसदीय लोकतंत्र दीर्घकालीन परिवर्तनों को जन्म नहीं दे सकता।

भारत विभाजन से संविधान निर्माताओं ने राष्ट्रीय एकता और अखंडता को पहली वरीयता दी। लेकिन पंडित जवाहरलाल नेहरू के रागात्मक आग्रहों के कारण जम्मू-कश्मीर उस तरह राष्ट्रीय एकीकरण में नहीं आ सका, जैसा दूसरी देसी रियासतों के विलय से संभव हो गया था। प्रधानमंत्री नरेंद्र मोदी ने

इसका उल्लेख इस तरह किया है, 'संविधान में अनुच्छेद 370 और 35-ए का प्रावधान हो जाने के कारण देश के एकीकरण में कुछ रुकावटें भी आई हैं।'[12] स्वतंत्रता दिवस पर उन्होंने यह लालकिले की प्राचीर से कहा। यह उल्लेख सामयिक था। 5 अगस्त, 2019 को ही जम्मू-कश्मीर के एकीकरण का अधूरा अध्याय संविधान सम्मत विधि से संपन्न हुआ था। इसका एक इतिहास है। संविधान में अनुच्छेद 370 को पंडित जवाहरलाल नेहरू ने जुड़वाया। संविधान सभा ने इसे स्वीकार किया। उसके बाद प्रधानमंत्री जवाहरलाल नेहरू ने चुपचाप संविधान में असंवैधानिक तरीके से 35-ए का प्रावधान करा दिया। जिससे संसद को भी अवगत नहीं कराया गया था। यह कहना अधिक उचित होगा कि उसे संसद् और भारत के नागरिकों से भी छिपाया गया।[13] जिस तरीके से इस प्रावधान को स्थान मिला था, प्रधानमंत्री नरेंद्र मोदी की सरकार ने उसे उसी तरीके से हटवाया। वह तरीका यह है कि राष्ट्रपति का आदेश जारी कराया गया। पहला आदेश 1954 का है। जिससे 35-ए का प्रावधान अस्तित्व में आया। उसी तरह राष्ट्रपति के एक आदेश से 5 अगस्त, 2019 को वह अस्तित्वहीन हो गया। लेकिन यह सब संसद और देश को पूरी तरह बताकर किया गया। इस तरह प्रधानमंत्री नरेंद्र मोदी के कार्यकाल में संविधान के ऐसे जटिल प्रश्न को हल कर लिया गया है। यह एक उदाहरण है। ऐसे अनेक उदाहरण दिए जा सकते हैं।

इस पुस्तक में चार खंड हैं। यह प्रधानमंत्री नरेंद्र मोदी के विभिन्न भाषणों का संकलन है। इसके पहले खंड में संविधान संबंधी 21 भाषण हैं। दूसरे खंड में संसद् संबंधी भाषण हैं। तीसरे खंड के भाषण का संबंध सुप्रीम कोर्ट से है। चौथे खंड में संघीय ढाँचे से संबंधित भाषण हैं। इस तरह 32 भाषणों का यह संकलन है। ये भाषण प्रामाणिक स्रोतों से लिए गए हैं। मेरी समझ है, भारत के संविधान के बारे में हर नागरिक को जिज्ञासा भाव से भरने के लिए जो जानना चाहिए, वह इस पुस्तक में है। इसलिए यह आशा है कि प्रधानमंत्री नरेंद्र मोदी के इन भाषणों से संविधान के बारे में उनके प्रति बनाए गए भ्रम का निवारण अवश्य होगा।

—रामबहादुर राय

संदर्भ—

1. 'यू मस्ट नो योर कांस्टीट्यूशन', फाली एस. नारीमन, अध्याय-एक, पृष्ठ-25
2. 'सबका साथ-सबका विकास', प्रधानमंत्री नरेंद्र मोदी के संबोधन, प्रकाशन विभाग सूचना और प्रसारण मंत्रालय, भारत सरकार
3. 'बाबा साहेब आंबेडकर' स्मारक शिलान्यास का अवसर, 11 अक्तूबर, 2015
4. 'संविधान सभा की पहली बैठक की 75वीं सालगिरह' (9 दिसंबर, 2021) पर प्रधानमंत्री नरेंद्र मोदी का ट्वीट
5. प्रधानमंत्री नरेंद्र मोदी का यह कथन 26 नवंबर, 2017 को प्रसारित मन की बात का एक वाक्य है।
6. भारतीय संविधान सभा के वाद-विवाद की सरकारी रिपोर्ट, (हिंदी संस्करण) अंक-11 संख्या-11, 25 नवंबर, 1949, पृष्ठ-4226
7. बाबा साहेब आंबेडकर स्मारक शिलान्यास का अवसर, 11 अक्तूबर, 2015, उसी अवसर पर प्रधानमंत्री नरेंद्र मोदी ने यह अपील की।
8. अस्थायी लोकसभा की कार्यवाही, संविधान संशोधन पहला, पंडित जवाहरलाल नेहरू के भाषण का अंश, 16 मई, 1951, पृष्ठ-8838
9. 'दी पैराडाक्सिकल प्राइम मिनिस्टर, नरेंद्र मोदी एंड हिज इंडिया', शशि थरूर, अध्याय-7, पृष्ठ-128
10. 'यू मस्ट नो योर कांस्टीट्यूशन', फाली एस. नारीमन, 2023
11. 'सत्ता और व्यक्ति, बर्टेंड रसेल', अंग्रेजी से अनुवाद, नंदकिशोर आचार्य, पृष्ठ-100
12. स्वतंत्रता दिवस पर लालकिले की प्राचीर से प्रधानमंत्री नरेंद्र मोदी का भाषण का एक वाक्य, 15 अगस्त, 2019
13. 'यू मस्ट नो योर कांस्टीट्यूशन', फाली एस. नारीमन, अध्याय-एक, नोट्स एंड रिफ्रेंसेस-60, पृष्ठ-62

प्रकाशकीय

'नए भारत का सामवेद' भारत की चिरंतन काल से चली आ रही लोकतांत्रिक परंपरा का गौरव गान है, जिसका प्रणयन भारत के यशस्वी प्रधानमंत्री श्री नरेंद्र मोदी ने किया है। एक ऐसे चुनौती भरे समय में जब भारत की अस्मिता पर खतरा मंडरा रहा था, नरेंद्र मोदी ने आस्था, विश्वास और स्वाभिमान का वातावरण बनाने के लिए भारत के संविधान को अपना शस्त्र बनाया। संविधान दिवस मनाए जाने की परिकल्पना ऐसा प्रभावी कदम था, जिसने पूरे देश में एक नई ऊर्जा का संचार किया। आज जब भारत अपने गौरवशाली संविधान के लागू होने के 75 वर्ष मनाने की ओर अग्रसर है, नरेंद्र मोदी के संविधान संबंधी भाषणों के संग्रह को सामवेद के रूप में प्रस्तुत करने की सोच रखनेवाले संविधान मर्मज्ञ पत्रकार श्री रामबहादुर राय के प्रति हम कृतज्ञ हैं, जिन्होंने इस महत्त्वपूर्ण पुस्तक के प्रकाशन के लिए हमें चुना। हम श्री प्रभात ओझा के भी आभारी हैं, जिन्होंने इन भाषणों का संकलन किया। इस पुस्तक के प्रकाशन में इंदिरा गांधी राष्ट्रीय कला केंद्र की भी महत्त्वपूर्ण भूमिका रही है। केंद्र के सदस्य सचिव लेखक और संस्कृतिकर्मी डॉ. सच्चिदानंद जोशी तथा केंद्र के सभी सदस्यों के प्रति हम कृतज्ञता ज्ञापित करते हैं।

इस पुस्तक में मोदीजी की विभिन्न मुद्राओं के रेखाचित्रों से इसमें जो निखार आया है, उसके लिए हम चित्रकार श्री माधव जोशी के प्रति भी आभार व्यक्त करते हैं। इसके साथ ही हम उन सभी के प्रति भी कृतज्ञता ज्ञापित करते हैं, जिन्होंने प्रत्यक्ष-अप्रत्यक्ष रूप से इसके प्रकाशन में सहयोग दिया है।

हमने भाषणों को आधिकारिक वेबसाइट से लेकर उन्हें जस-का-तस रखने का प्रयास किया है। फिर भी यदि उसमें कोई त्रुटि रह गई हो तो वह अनायास ही है। आशा है, यह पुस्तक हम सभी को संविधान को देखने की एक नई दृष्टि प्रदान करेगी और देश में संविधान के प्रति आस्था का परिष्कार करेगी।

अनुक्रम

संविधान का गौरवगान गुजरात से

"आज गुजरात के लिए गर्व की बात है कि हम सबको दिशा देने वाला, हम सबको एकता का मंत्र सिखाने वाला, प्रगति की राह पर जाने का दिशा-संकेत करने वाला, भारत के भाग्य को बदलने के लिए प्रेरित करने वाला हमारा संविधान हम सबकी प्रेरणा का केंद्र है। उसी की यात्रा का एक अद्भुत अवसर आज गुजरात की धरती पर, सुरेंद्रनगर की धरती पर हो रहा है। पूरा देश आज प्रजा सत्ता का पर्व मनाने जा रहा है, किंतु संविधान का गौरवगान गुजरात से आरंभ हो रहा है।"

भारत के इतिहास में सुरेंद्रनगर की यह घटना अभूतपूर्व और ऐतिहासिक रूप में इतिहास के पन्नों पर अंकित होने वाली है।

आज से 60 साल पूर्व भारत के इस संविधान ने हिंदुस्तान को एक नई शक्ति दी और विश्व के लोकतांत्रिक देशों में भारत ने अपनी शक्ति के साथ जगह बनाई। इस संविधान के निर्माण में भारत के विद्वान्, मनीषी, महापुरुष इकट्ठा हुए। दो साल और ग्यारह महीने तक इन महापुरुषों ने चिंतन-मंथन किया और चर्चाएँ कीं। विश्व के सभी संविधानों का अध्ययन किया और भारत की विविधताओं को ध्यान में रखते हुए, भारत के सभी समाजों को समेटते हुए, आनेवाली सदियों तक देश को आगे ले जाने को ध्यान में रखते हुए काम किया। देश को नई शक्ति मिले, लोकतंत्र अधिक ताकतवर बने, भारत की हजारों साल की जो विरासत थी, उस विरासत को भी सँजोए रखा जाए, उन

लोगों ने इसका भी ध्यान रखा। एक तरफ सांस्कृतिक विरासत, दूसरी तरफ आधुनिक भारत के सपने, उन दोनों को जोड़ने का काम इस संविधान के माध्यम से हुआ। भारत का ऐसा महान् संविधान, विश्व में जितने भी संविधान आए, उनमें सबसे बड़ा है। यह संविधान दुनिया में लोकतंत्र में आस्था रखने वाले लोगों की आशा और श्रद्धा का केंद्र है।

आज गुजरात के लिए गर्व की बात है कि हम सबको दिशा देने वाला, हम सबको एकता का मंत्र सिखाने वाला, प्रगति की राह पर जाने का दिशा-संकेत करने वाला, भारत के भाग्य को बदलने के लिए प्रेरित करने वाला, हमारा संविधान हम सबकी प्रेरणा का केंद्र है। उसी की यात्रा का एक अद्‌भुत अवसर आज गुजरात की धरती पर, सुरेंद्रनगर की धरती पर हो रहा है। पूरा देश आज प्रजा सत्ता का पर्व मनाने जा रहा है, किंतु संविधान का गौरवगान गुजरात से आरंभ हो रहा है।

भारत के संविधान ने अनेक आशाएँ जगाईं। कभी-कभी लगता है कि हमारा संविधान, इतनी विविधताओं से भरा देश, इतनी खूबियों से भरा देश, आर्थिक रूप से इतने उतार-चढ़ावों से जी रहा समाज, मान्यताओं में भिन्न-भिन्न रूप में बँधा हुआ समाज, यहाँ के लोकतंत्र का सामर्थ्य देखिए, सदियों पुरानी हमारी विरासत देखिए, एक संविधान हम सबको जोड़कर रखता है। पूरा देश उस पर गर्व करता है। हमारे संविधान में न्यायपालिका, कार्यपालिका, मीडिया, हमारी संसद्, हमारे जनप्रतिनिधि, इन सबको, भारत को, संविधान की मर्यादाओं में, संविधान की भावना के प्रकाश में, आगे बढ़ने के लिए दिशा-संकेत किए गए हैं, प्रेरणा दी गई है। उसी के तले 60 साल से भी अधिक समय हुआ, आज हिंदुस्तान प्रगति की नई ऊँचाइयों पर जा रहा है। इक्कीसवीं सदी हिंदुस्तान की सदी बने, उसमें जो अनेक चीजें काम आने वाली हैं, उनमें हमारा संविधान भी शामिल है।

डॉ. बाबासाहब आंबेडकर, उनकी आत्मा जहाँ भी होगी, मुझे विश्वास है कि बाबासाहब हम सब पर आशीर्वाद बरसा रहे होंगे। एक नागरिक के नाते एक अधिकार भाव का हर नागरिक इस पर बल देता गया, पर हिंदुस्तान को इक्कीसवीं सदी में विश्व की महासत्ता बनना है तो हम जब इस संविधान का गुणगान कर रहे हैं, सम्मान कर रहे हैं, तब हमारे अंदर से यह आवाज उठनी चाहिए, एक संकल्प होना चाहिए कि हम आने वाले जीवन में देशहित में अधिकारों का उपयोग भी कर्तव्य का पालन करते हुए करेंगे। जो संविधान हमें सिखाता है, अधिकार और कर्तव्य एक साथ लेकर चलें तो विकास की यात्रा तेज गति से चलने वाली है।

संविधान के साल के इस अवसर पर आप सबको भी अंत:करण से शुभकामनाएँ देता हूँ। हमें बाबासाहब आंबेडकर जैसे महापुरुष आशीर्वाद दें कि हम भारतीय संविधान के मद्देनजर गुजरात को ऐसी विकास की ऊँचाइयों पर ले जाएँ, जिसके कारण पूरे भारत को गुजरात पर भी नाज हो। ऐसा गुजरात बनाकर पूरे भारत की विकास यात्रा के अंदर अपने बहुत बड़े योगदान के लिए हम सामर्थ्यवान बनें।

संविधान हमें शक्ति देता है, प्रेरणा देता है, जोड़ता है, हमें सीमाओं में बाँधता है। ये बंधन मुक्ति के मार्ग होते हैं। भारत के संविधान के सही स्पिरिट को लागू करने का एक नम्र प्रयास गुजरात की धरती पर हुआ है।

पहली बार गुजरात के सभी भूतपूर्व एम.एल.ए., भूतपूर्व सांसद, वर्तमान सांसद, भूतपूर्व मुख्यमंत्री, वर्तमान मुख्यमंत्री, सबने मिलकर भारत के लोकतंत्र की सही भावना को उजागर करते हुए आगे बढ़ने का, गुजरात को आगे बढ़ाने का संकल्प किया है। यह तभी संभव होता है, जब हमारी महान् परंपराएँ हों और आधुनिक युग में भारत का संविधान हमें ऐसी दिशा देता है।

(24 जनवरी, 2010—संविधान गौरव यात्रा पर भाषण। संविधान के 60 साल पूरे होने के अवसर पर वर्षपर्यंत आयोजन के अंत में सुरेंद्रनगर में गुजरात के मुख्यमंत्री के रूप में श्री नरेंद्र मोदी का संविधान पर संभवत: यह पहला संबोधन है।)

□

बिल (विधेयक प्रारूप) की ड्राफ्टिंग पर ध्यान देना जरूरी

"कानून जितना अच्छा होगा और संविधान की सारी मर्यादाओं का पालन करते हुए बनेगा तो मैं नहीं मानता कि कानून के कारण समस्याएँ पैदा होंगी।"

कानून बनाने के लिए जनता ने हमको चुनकर भेजा है, लेकिन हमारा काफी समय दूसरे कामों में चला जाता है। संसद् में हम क्या करते हैं, वह आपको मालूम है। एक यह भी अनुभव आ रहा है कि एक्ट के जो ड्राफ्ट्स-ड्राफ्टिंग हैं, वे भी कानून बनाने में पेंडेंसी के कारण बन रहे हैं। उसकी शब्द-रचना में कुछ ऐसी कमी रह जाती है कि न्यायपालिका में उसके इंटरप्रेटेशन में सालों लग जाते हैं। तब तक कई निर्णय हो जाते हैं और फिर बेकार हो जाते हैं। लॉ यूनिवर्सिटीज वगैरह में ड्राफ्टिंग के लिए हम प्रॉपर मैन पावर तैयार नहीं करेंगे और कानून बनाते समय ही हम ध्यान नहीं देंगे तो संभव है कि हमारी दिक्कतें बढ़ती जाएँ। कोई ऋषि-मुनि तो हम हैं नहीं कि एकदम से जीरो डिफेक्ट वाला कानून बना पाएँगे। लेकिन मिनिमम ग्रे एरिया की दिशा में हम काम करें। यह हमारे लिए बहुत बड़ा चैलेंज है। इस प्रकार का मैन पावर हमें उपलब्ध नहीं होता। आने वाले दिनों में इस काम को कैसे किया जाए, यह एक आवश्यक काम है, जिसको कभी-न-कभी हमें करना होगा। कानून जितना अच्छा होगा और संविधान की सारी मर्यादाओं का पालन करते हुए बनेगा तो मैं नहीं मानता कि कानून के कारण समस्याएँ पैदा होंगी।

(05 अप्रैल, 2015 को राज्यों के मुख्यमंत्रियों और उच्च न्यायालयों के मुख्य न्यायाधीशों के सम्मेलन में)

□

संविधान दिवस मनाने की घोषणा

"बाबासाहब आंबेडकर के नाम पर एक प्रेरणा स्थली बनने वाली है। यह चैत्य भूमि भारत में नई चेतना जगाने का एक कारण बनने वाली है। जिनकी लोकतंत्र में आस्था है, जिनकी सामाजिक न्याय में आस्था है, जिनकी देश की अखंडता और एकता में आस्था है, उन लोगों के लिए ये पंच-तीर्थ यात्रा के धाम बनने वाले हैं।""26 नवंबर भारत के संविधान का महत्त्वपूर्ण दिवस है। बाबासाहब के जीवन का भी महत्त्वपूर्ण दिवस है और इसलिए भारत सरकार ने 26 नवंबर को पूरे देश में संविधान दिवस के रूप में मनाना तय किया और स्कूल-कॉलेज में हिंदुस्तान के बच्चे-बच्चे को संविधान कैसे बना, क्यों बना, यह बात बताने की रेगुलर व्यवस्था होनी चाहिए। इसलिए हमारी सरकार ने 26 नवंबर को संविधान दिवस के रूप में मनाना तय किया है।"

यह पवित्र काम करने का सौभाग्य हमारे ही हाथ में लिखा हुआ है और इसलिए आज इंदु मिल[1] की जमीन पर डॉ. बाबासाहब आंबेडकर के नाम पर एक प्रेरणा स्थली बनने वाली है। यह चैत्य भूमि भारत में नई चेतना जगाने का एक कारण बनने वाली है। जिनकी लोकतंत्र में आस्था है, जिनकी सामाजिक न्याय में आस्था है, जिनकी देश की अखंडता और एकता में

1. मुंबई में स्थित

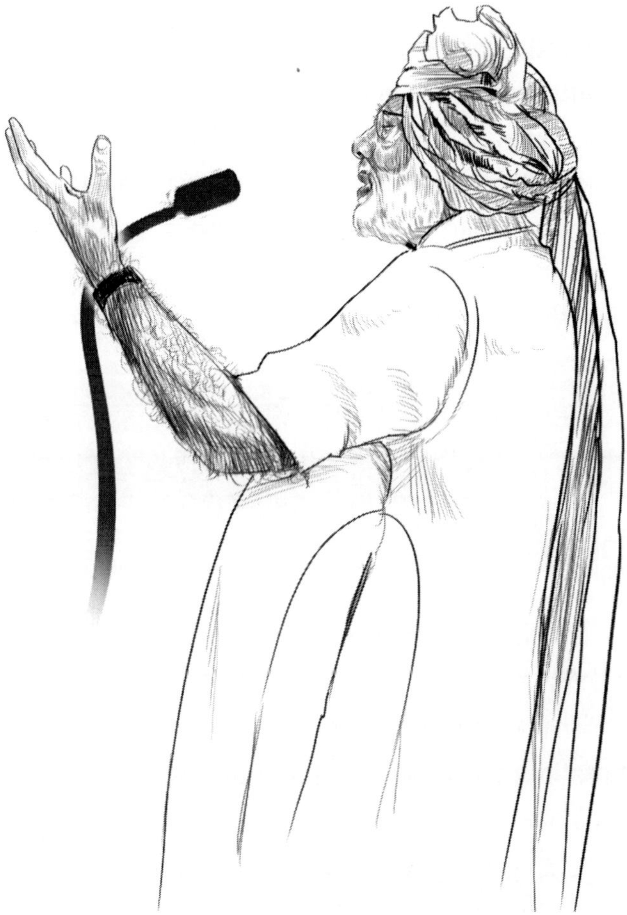

आस्था है, उन लोगों के लिए ये पंच-तीर्थ यात्रा के धाम बनने वाले हैं। इन पंच-तीर्थ के निर्माण का सौभाग्य भी हमें मिला।

इतनी सरकारें रहीं, लेकिन मध्य प्रदेश में महू की तरफ किसी का ध्यान नहीं गया। जब मध्य प्रदेश में भारतीय जनता पार्टी की सरकार बनी, तब जाकर उस जगह पर बाबासाहब का स्मारक बना। आज बाबासाहब के प्रति श्रद्धा रखने वाले लोगों के लिए वह एक तीर्थक्षेत्र बना हुआ है। उसी प्रकार से दिल्ली में अलीपुर रोड वाली जगह, जहाँ बाबासाहब रहते थे, 25 साल तक

उसका विषय फाइलों में लटकता रहा। बाबासाहब आंबेडकर के प्रति श्रद्धा रखने वाले लोग इसके पीछे प्रयास करते रहे। अटलजी की सरकार ने उसको आगे बढ़ाया। वह सरकार चली गई तो उसको दबा दिया गया। हम आए तो हमने उस बात को हाथ में लिया और कुछ महीने पहले मुझे अलीपुर रोड के बाबासाहब आंबेडकर के उस मकान में एक भव्य स्मारक बनाने के लिए शिलान्यास का सौभाग्य मिला। वहाँ करीब 300 करोड़ रुपए की लागत से एक भव्य स्मारक बन रहा है। दिल्ली में जो भी लोग आएँगे, अब इस स्थान पर भी जाएँगे और बाबासाहब आंबेडकर ने कितना बड़ा योगदान किया था, यह उनके ध्यान में आएगा।

बाबासाहब आंबेडकर के माता-पिता रत्नागिरी जिले के आंबडवे गाँव में रहते थे। हमारे एक सांसद ने उसे आदर्श गाँव बनाने के लिए आंदोलन किया और अब महाराष्ट्र सरकार भी उसमें मदद कर रही है। जहाँ बाबासाहब आंबेडकर के माता-पिता रहे, वह भी एक तीर्थक्षेत्र के रूप में विकसित हो रहा है। और आज यहाँ इंदु मिल में एक नए स्मारक का निर्माण हो रहा है। पाँचवाँ लंदन में, जहाँ बाबासाहब आंबेडकर रहते थे। अब हिंदुस्तान से कोई लंदन जाएगा तो वह भवन भी प्रेरणा का केंद्रबिंदु बनेगा। विश्व के लोग भारत के आर्थिक चिंतन को समझने के लिए लंदन में जहाँ बाबासाहब रहते थे, उस मकान के अंदर जाकर, अध्ययन के बाद उसे विश्व को भारत के संबंध में बताने का अवसर मिलेगा।

पंच-तीर्थ निर्माण सिर्फ भारतीय जनता पार्टी के समय में ही हुआ है। हम सब जानते हैं, मुझे राजनीति नहीं करनी है, लेकिन मेरे मन की पीड़ा मैं कहे बिना रह नहीं सकता हूँ। क्या कारण है कि जिस महापुरुष ने संविधान दिया, उस महापुरुष बाबासाहब आंबेडकर का तैल चित्र पार्लियामेंट में रखने के लिए वे सरकारें सहमत नहीं थीं। '90 में जब गैर-कांग्रेसी सरकार बनी, भारतीय जनता पार्टी के समर्थन से बनी, तब जाकर बाबासाहब आंबेडकर का तैल चित्र हिंदुस्तान की पार्लियामेंट में लगा।

हम जानते हैं कि औरों को 'भारत रत्न' सम्मान कब मिला, लेकिन बाबासाहब आंबेडकर को 'भारत रत्न' दिलाने के लिए नाकों दम आ गया और

वह भी उन लोगों के द्वारा नहीं मिला। इसलिए मैं कहता हूँ कि देश में जिस प्रकार के एक सामंतशाही मानसिकता वाले लोग हैं, एक दलित के बेटे को स्वीकार करने के लिए कभी तैयार नहीं। आज कई लोग यहाँ बैठे हैं, जिन्होंने अपना जीवन बाबासाहब आंबेडकर के विचारों के पीछे खपा दिया है। मैं उनसे भी आज कहना चाहता हूँ। मेरी बात शायद कड़वी लगेगी, लेकिन यह बात

कहने का मैं साहस करता हूँ। अगर हम सम्यक् दृष्टि के अभाव में बाबासाहब को, अगर सिर्फ दलितों का बाबासाहब बना देंगे तो बाबासाहब का उससे बड़ा कोई अपमान नहीं होगा। न सिर्फ भारत के, बल्कि विश्वभर के दलित, पीड़ित, शोषित, वंचितों की प्रेरणा का नाम बाबासाहब आंबेडकर है। दुनिया मार्टिन लूथर किंग को तो जानती है, लेकिन दुनिया बाबासाहब आंबेडकर को नहीं जानती है, यह हमारा दुर्भाग्य है। बाबासाहब आंबेडकर किस परिस्थिति में पैदा हुए, कैसे पले-बढ़े, और इतना जुल्म सहने के बाद, इतना अपमान सहने के बाद किसी भी व्यक्ति के मन में लबालब जहर भरा रहना, शायद कोई बुरा नहीं मानता। इतना अपमान झेलने के बाद कटुता होना, कोई बुरा नहीं मानता। इसके विपरीत ये बाबासाहब आंबेडकर थे, जिंदगी के हर पल अपमान झेला, हर पल बाबासाहब को संकटों से गुजरना पड़ा, लेकिन जब उनके सामने निर्णय करने के अवसर आए, कटुता का नामो-निशान नहीं था, बदले की भावना का नामो-निशान नहीं था। इससे बड़ा महापुरुष कौन हो सकता है और इसलिए मेरे जैसे लोग बाबासाहब आंबेडकर को श्रद्धाभाव से देखते हैं।

मैं तो खुद के लिए कभी सोचता था, कभी-कभी मेरे मन में विचार आता था कि बाबासाहब आंबेडकर न होते तो मोदी कहाँ होता? हम जैसे सामान्य लोगों को कौन पूछता? ये बाबासाहब आंबेडकर हैं, जिनके कारण ये बातें संभव हुई हैं और इसलिए मैं कहता हूँ कि हम जो कर रहे हैं, वह तो सिर्फ कर्ज चुकाने का एक प्रामाणिक प्रयास कर रहे हैं। हम सबका दायित्व बनता है कि बाबासाहब ने जो हमें कहा है, उससे हम हटें नहीं। बाबासाहब ने हमें कहा, शिक्षित बनो। दलित हो, शोषित हो, वंचित हो, गरीब हो, शिक्षा उसके जीवन का सबसे प्रमुख धर्म बनना चाहिए, यह बाबासाहब ने हमें सिखाया। बाबासाहब ने हमें सिखाया कि संगठित बनो।

बाबासाहब को इसलिए सबसे बड़ी श्रद्धांजलि यही है कि हम संगठित बनें, हम एक बनें और अन्याय के खिलाफ जब संघर्ष की बात आए तो उसके लिए भी हम तैयार रहें। यही हम लोगों को बाबासाहब ने संदेश दिया है। इसलिए आज इंदु मिल में बाबासाहब का स्मारक बन रहा है। मेरे मन में एक इच्छा है, मैंने अध्ययन तो नहीं किया है, लेकिन जिस दिन मैंने जमीन दी

थी, उस दिन भी मैंने यह कहा था। आज इसके शिल्पी मिले, तब भी मैंने कहा। मैंने कहा कि मुंबई या महाराष्ट्र में आया हुआ व्यक्ति जब जिंदगी से तंग हो, परेशान हो तो यहाँ ऐसी जगह होनी चाहिए कि वह घंटे भर वहाँ बैठे तो शांति का अहसास लेकर जाए। इसलिए मैंने कहा कि जहाँ स्मारक बने, वहाँ साथ-साथ इस विशाल भूमि पर एक घना जंगल बनाना चाहिए। इतने पेड़ लगाने चाहिए, इतनी हरियाली कर देनी चाहिए कि एक शांति की भूमि बन जाए। मैं आग्रह करूँगा कि यह स्मारक सिर्फ ईंट-माटी-पत्थर-चूने तक सीमित न रहे। वह तो भव्य होना ही चाहिए, दुनिया के लोगों के लिए अजूबा भी होना चाहिए। प्रश्न है कि क्या इसको जन भागीदारी से जोड़ा जा सकता है ? महाराष्ट्र में 40 हजार गाँव हैं। हर गाँव से लोग आएँ और उनको जो बताया गया हो, वहाँ पर हर गाँव का एक पौधा लगे। गाँव उस पौधे के लालन-पालन के लिए गाँव के समस्त लोगों की तरफ से एक रुपया, दो रुपया, पाँच रुपया एकत्र कर 11 हजार रुपए दान दे। इस तरह देखिए कि कितनी बड़ी जन भागीदारी से काम हो सकता है। हर गाँव को लगेगा कि चैत्य भूमि में, इंदु मिल के मैदान में जो स्मारक बना है, बाबासाहब आंबेडकर के प्रति हमारे गाँव की भी श्रद्धा है, हमारा भी एक पेड़ उस स्थान पर लगा है।

फिर हिंदुस्तान के सभी राज्यों से एक-एक पेड़ मँगाया जाए। वह पेड़ भी लगाया जाए। बाबासाहब विश्वपुरुष थे। इसलिए दुनिया के हर देश से एक-एक पेड़ मँगवाया जाए और उनका भी पेड़ लगाया जाए। इस बात का वहाँ उल्लेख भी किया जाए। सारा विश्व इंदु मिल की इस हरियाली के साथ कैसे जुड़े, इस पर सोचना चाहिए। अगर हम नई कल्पना के साथ, जन सामान्य को जोड़ने के विचार के साथ स्मारक को बनाएँगे तो देखेंगे कि हिंदुस्तान में शायद कभी किसी महापुरुष का ऐसा स्मारक नहीं बना होगा, जहाँ पर 40 हजार गाँव सीधे-सीधे जुड़े हों। यह हो सकता है। महीने भर हर सप्ताह गाँव के लोग आते चलें, वहाँ रहें, चैत्य भूमि जाएँ, जहाँ डिजाइन किया गया हो, वहाँ पर पौधा लगाएँ। जो पौधे का नमूना तय किया हो, वही लगाएँ। आप देखिए क्या से क्या हो सकता है। इसलिए यह अपने आप में प्रेरणा स्थल बनना चाहिए और इसलिए मैंने कहा, हम पंचतीर्थ निर्माण कर रहे हैं। ये पंचतीर्थ लोकतंत्र पर

आस्था रखने वालों के लिए, संविधान को स्वीकार करने वाले लोगों के लिए, सामाजिक एकता की खातिर जीने वालों के लिए तीर्थ क्षेत्र बनेंगे।

26 नवंबर भारत के संविधान का महत्त्वपूर्ण दिवस है। बाबासाहब के जीवन का भी महत्त्वपूर्ण दिवस है और इसलिए भारत सरकार ने 26 नवंबर को पूरे देश में 'संविधान दिवस' के रूप में मनाना तय किया और स्कूल-कॉलेज में हिंदुस्तान के बच्चे-बच्चे को संविधान कैसे बना, क्यों बना, यह बात बताने की रेगुलर व्यवस्था होनी चाहिए। इसलिए हमारी सरकार ने '26 नवंबर' को संविधान दिवस के रूप में मनाना तय किया है।

(11 अक्तूबर, 2015 को मुंबई में बाबासाहब आंबेडकर स्मारक के शिलान्यास के बाद इंदु मिल मैदान पर)

□

सरकार का एक ही धर्मग्रंथ भारत का संविधान

"संविधान निर्माताओं ने क्या-क्या तपस्या की होगी। वह कौन सी उनकी मन की अवस्था होगी कि जो चीजें निकलकर आईं, वह आज भी हमारे लिए मार्गदर्शक हैं। इसलिए यह गौरवगान, हमारी आने वाली पीढ़ियों तक पहुँचाना, उनको इससे परिचित कराना, इन चीजों को उनको जानने के लिए कहना, यह हमारे देश के लोकतंत्र को मजबूत करने के लिए आवश्यक है। सदन के अंदर ही संविधान सीमित हो जाए, या सरकार को चलाने का एक डॉक्यूमेंट बन जाए तो मैं समझता हूँ, लोकतंत्र की जड़ों को सिंचित करने का जो हमारा प्रयास है, उसमें कमी रह जाएगी। इसलिए भारत के लोकतंत्र को मजबूत बनाने के लिए संविधान की भावना और संविधान के सामर्थ्य को जन-जन से परिचित करवाना हमारा दायित्व बनता है। मैं मानता हूँ कि जिन-जिन महापुरुषों ने संविधान निर्माण में योगदान किया है, उन सबका उल्लेख करते हुए हमें इस बात को करना होगा।"

26 जनवरी को हम अपना गणतंत्र दिवस मनाते हैं। इतिहास की महत्त्वपूर्ण एक और घटना है 26 नवंबर। इसको भी उजागर करना उतना ही

आवश्यक है। फिर 26 नवंबर को उजागर करके 26 जनवरी को नीचा दिखाने का प्रयास नहीं है। 26 जनवरी की जो ताकत है, वह 26 नवंबर में निहित है, यह उजागर करने की आवश्यकता है। आज हर राज्य के स्कूलों का अपना-अपना सिलेबस होता है, लेकिन जब हम लोग छोटे थे तो नागरिक शास्त्र पढ़ाया जाता था। हमारे संविधान का उसमें थोड़ा सा परिचय आता था। बाद में जाकर वह करीब-करीब खो गया। आज हमारे संविधान की सारी गतिविधि वकालत के व्यवसाय में या फिर जो राजनीति में आएँ, उन तक ही सीमित हो गई।

भारत विविधताओं से भरा हुआ देश है। हम सबको बाँधने की ताकत संविधान में है। हम सबको बढ़ाने की ताकत संविधान में है। इसलिए समय की माँग है कि हम संविधान की सैंक्टिटी, संविधान की शक्ति और संविधान में निहित बातों से जन-जन को परिचित कराने का एक निरंतर प्रयास करें। हमें एक पूरे रिलिजियस भाव से, एक समर्पित भाव से इस प्रक्रिया को करना चाहिए। यह 26 नवंबर संविधान दिवस के माध्यम से सरकार की सोच है। इसमें धीरे-धीरे सुधार भी होगा। यह इवॉल्व भी होगा, क्योंकि ये तो प्रारंभिक विषय है। कोई चीज एकदम नहीं होती है। उसमें निरंतर विकास होता रहता है।

हमारा यह नहीं कहना है कि इस बार एक विशेष पर्व था। बाबासाहब आंबेडकर का 125वाँ वर्ष जब देश मना रहा है तो उसके कारण संसद् के साथ जोड़कर इस कार्यक्रम की रचना हुई। भविष्य में इसको लोकसभा तक सीमित नहीं रखना है, इसको जनसभा तक ले जाना है। व्यापक रूप से सेमिनार हों, डिबेट्स हों, कॉम्पिटीशंस हों, हर पीढ़ी के लोग संविधान के संबंध में सोचें, समझें, चर्चा करें। निरंतर एक मंथन चलता रहना चाहिए और इसलिए एक छोटा सा प्रयास आरंभ हो रहा है। सदन में जिस प्रकार से सबने सकारात्मक भावनाएँ व्यक्त की हैं, उससे लगता है कि इसका माहात्म्य है और आगे चलकर इसको बढ़ाना चाहिए। हम जरूर इसको आगे बढ़ाने की कोशिश करेंगे। मेरे मन में विचार आता है कि क्यों न हम पूरे देश में लगातार भारत के संविधान के संबंध में ऑनलाइन कॉम्पिटीशन करें, क्वेश्चंस हों, ऐसे कॉम्पिटीशन हों, ताकि पूरे देश में एक आदत बने। हमारे स्कूल, कॉलेज इससे जुड़ते रहें, स्कूलों के अंदर इसकी व्यवस्था हो। व्यापक रूप से हमारे संविधान

के बारे में लगातार चर्चा होती रहे। ऐसे कई कार्यक्रमों की रचना आगे चलकर सोची जा सकती है।

एक बात मैंने लालकिले से कही थी। एक बार इस सदन में भी कही थी, लेकिन शायद कुछ चीजों को समझकर भी भूलने का स्वभाव होता है। कुछ चीजें ऐसे ही भूल जाती हैं। मुझे याद नहीं, इसके पूर्व किसी प्रधानमंत्री ने लालकिले पर से यह बात कही हो। कहा हो तो मैं उनको नमन करूँगा। मैंने यह कहा था कि इस देश में जितनी सरकारें बनी हैं, सब सरकारों में

जितने भी प्रधानमंत्री बने हैं, सभी प्रधानमंत्रियों के योगदान से यह देश आगे बढ़ा है। मैं दोबारा कहता हूँ। यह देश कई लोगों की तपस्या से आगे बढ़ा है। सब सरकारों के योगदान से आगे बढ़ा है। हाँ, अपेक्षा से कहीं कम हुआ तो शिकायत होती है। लोकतंत्र में शिकायत का हक सबका होता है। कोई यह नहीं कह सकता कि पुरानी सरकारों ने कुछ नहीं किया। हम यह भी न भूलें कि राजा–महाराजाओं ने, सत्ताधीशों ने देश नहीं बनाया है। यह देश कोटि–कोटि जन ने बनाया है; श्रमिकों, किसानों, गरीबों ने अपने पसीने से बनाया है; शिक्षकों और आचार्यों ने बनाया है। इस देश के कोटि–कोटि लोगों ने सदियों तक लगातार अपनी–अपनी भूमिका निभाते हुए देश बनाया है। इसलिए उन सबका ऋण स्वीकार करना, उनको नमन करना हम सबका दायित्व होता है।

संविधान के अंदर भी सबकी भूमिका रही है। उस समय जिनके नेतृत्व में देश चलता था, उनकी विशेष भूमिका रही है। इतना उत्तम संविधान जो हमें मिला है, इसकी हम जितनी सराहना करें, उतनी कम है। हम जितना गौरव करें, उतना कम है। अगर संविधान को सरल भाषा में मुझे कहना है तो हमारा संविधान 'डिग्निटी फॉर इंडियन एंड यूनिटी फॉर इंडिया', इस दोनों मूल मंत्रों को साकार करता है। जनसामान्य की डिग्निटी और देश की एकता तथा अखंडता। बाबासाहब आंबेडकर की भूमिका को हम कभी भी नकार नहीं सकते। इसका मतलब यह नहीं कि बाबासाहब आंबेडकर की बात करते हैं तो औरों का कोई काम नहीं होता। एक का नाम देंगे तो दूसरे का रह जाता, दूसरे का रह जाए तो तीसरे का रह जाएगा। हर एक को लगेगा कि हमारा भी तो योगदान था। कुछ लोगों ने तो जीवन में इतनी ऊँचाइयाँ पाई हैं कि कोई उनका नाम दे या न दे, उनके नाम को मिटाया नहीं जा सकता। हमें इतना विश्वास होना चाहिए, इसलिए इस विश्वास को पुनः प्रस्थापित करने की आवश्यकता है। यह देश अनेक महापुरुषों के कारण बना है और उसका अपना महत्त्व है। यह हमें स्वीकार करना होगा।

सन् 2009 में संविधान के 60 साल हुए थे। मैं आज इस संविधान के कार्यक्रम की कल्पना लाया हूँ, यह पहली बार नहीं है। मैं उस वक्त एक राज्य में मुख्यमंत्री था। वर्ष 2009 में जब संविधान के 60 साल हुए तो हमने राज्य

सरकार की तरफ से हाथी के ऊपर बैठने की पूरी व्यवस्था बनाकर उसमें संविधान को सुशोभित करके रखा था। उसकी यात्रा निकाली थी। मुख्यमंत्री स्वयं हाथी के आगे-आगे पैदल चला था। संविधान के माहात्म्य के बारे में लोगों को प्रशिक्षित करने के लिए संविधान के 60 साल को हमने गुजरात की धरती पर मनाया था। संविधान के मूल्यों को हम स्वीकार करते हैं। हम आज सोचें कि इस सदन में इतने बड़े लोग जनप्रतिनिधि बन करके आए हैं। अगर हमें एक काम दिया जाए कि जो मूल संविधान है, उसमें जो ड्राइंग्स हैं, पेंटिंग्स हैं, उनमें से कुछ सेलेक्ट करें। आज हमारी चुनावी दल भक्ति इतनी तीव्र हो चुकी है। मैं नहीं मानता हूँ कि संविधान की धाराएँ छोड़िए, उसके अंदर जो चित्र हैं, उनको भी सहमति से हम स्वीकार कर पाएँगे। हर चित्र के खिलाफ ऑब्जेक्शन आएगा। चित्र के कलर के खिलाफ ऑब्जेक्शन आएगा।

इस मनोस्थिति में हम पहुँचे हैं, तब हमें अंदाज होता है कि उन महापुरुषों ने कितना बड़ा काम किया होगा। यह संविधान तीन साल के भीतर-भीतर बना दिया। बहुत देशों में संविधान बनाना शायद उतना मुश्किल नहीं होगा। भारत जैसे देश का संविधान बनाना बहुत बड़ा काम है। विश्व के सभी जो जीवित 12 धर्म हैं, वे सभी 12 धर्म यहाँ श्रद्धापूर्वक मनाए जाते हैं। जिस देश में अलग-अलग मूलों से निकली हुईं 122 भाषाएँ हों, जिस देश में 16 सौ से ज्यादा बोलियाँ हों, हरेक की अलग प्रायोरिटी हो, जहाँ ईश्वर में विश्वास करने वाले भी हों, और ईश्वर को नकारने वाले भी लोग हों, जहाँ प्रकृति को पूजने वाले लोग हों और पत्थर में परमात्मा को देखने वाले भी लोग हों। ऐसी विविधताओं से भरे हुए देश में लोगों के एक्सप्रेशंस क्या होंगे। उनकी आकांक्षाएँ क्या होंगी। उस संविधान को एक साथ बैठकर, सोचकर बनाना कैसा रहा होगा। आज भी हम एकाध कानून बनाते हैं तो दूसरे ही सत्र में उसी कानून में एक शब्द ठीक करने के लिए वापस लाना पड़ता है। हम एक परफेक्ट कानून नहीं बना पा रहे हैं, यह हकीकत है। उसमें हमारी कमियाँ रहती हैं, और दूसरे सत्र में लाना पड़ता है। कहना पड़ता है कि इस शब्द में गलती हो गई थी, जिसे ठीक करना पड़ेगा।

संविधान निर्माताओं ने क्या-क्या तपस्या की होगी। वह कौन सी उनकी

मन की अवस्था होगी कि जो चीजें निकलकर आईं, वह आज भी हमारे लिए मार्गदर्शक हैं। इसलिए यह गौरवगान हमारी आने वाली पीढ़ियों तक पहुँचाना, उनको इससे परिचित कराना, इन चीजों को उनको जानने के लिए कहना, यह हमारे देश के लोकतंत्र को मजबूत करने के लिए आवश्यक है। सदन के अंदर ही संविधान सीमित हो जाए, या सरकार को चलाने का एक डॉक्यूमेंट बन जाए तो मैं समझता हूँ, लोकतंत्र की जड़ों को सिंचित करने का जो हमारा प्रयास है, उसमें कमी रह जाएगी। इसलिए भारत के लोकतंत्र को मजबूत बनाने के लिए संविधान की भावना और संविधान के सामर्थ्य को जन-जन से परिचित करवाना हमारा दायित्व बनता है। मैं मानता हूँ कि जिन-जिन महापुरुषों ने संविधान निर्माण में योगदान किया है, उन सबका उल्लेख करते हुए हमें इस बात को कहना होगा।

जब हमारा संविधान बना, तब संविधान सभा के प्रॉविजनल चेयरमैन श्रीमान सच्चिदानंद सिन्हाजी ने एक बात कही थी, उसका मैं उल्लेख करना चाहता हूँ। अपने उद्घाटन भाषण में उन्होंने कहा था और उन्होंने कोट किया था, अमेरिकी संविधान के बारे में, जोसेफ स्टोरी[1] के शब्दों का उल्लेख किया था। उनके मुताबिक, जोसेफ स्टोरी ने कहा था—"The constitution has been reared for immortality if the work of man may justly aspire to such a title." (संविधान अमर रहने के लिए बनाया गया है। अगर मनुष्य के द्वारा बनाए गए साधन इस मुकाम को पाने की उम्मीद कर सकें)।

हम बाबासाहब आंबेडकर की विशेषता की ओर देखें। दूरद्रष्टा और महापुरुष कैसे होते हैं, इसका एक उदाहरण है कि अगर किसी को सरकार पर प्रहार करना है तो कोटेशन भी बाबासाहब का काम आता है। किसी को अपने बचाव के लिए उपयोग करना है तो भी कोटेशन बाबासाहब का काम आता है। किसी को अपनी न्यूट्रल बात बतानी है तो भी कोटेशन बाबासाहब का काम आता है। इसका मतलब उस महापुरुष का कैसा विजन था, कितने व्यापक तौर पर उन्होंने अपने विचारों को व्यक्त किया था कि आज भी विरोध करने के लिए भी वे मार्गदर्शक हैं, शासन चलाने वाले के लिए भी मार्गदर्शक

---

1. संयुक्त राज्य अमेरिका में सुप्रीम कोर्ट के न्यायाधीश रहे

हैं। न्यूट्रल, मूकदर्शक बैठे लोगों के लिए भी वे मार्गदर्शक हैं। यह अपने आप में थोड़ा अजूबा है। वरना विचार तो कई होते हैं, हर विचार एक ही खेमे के काम आते हैं। सब खेमों के काम नहीं आते। एक ही कालखंड के लिए काम आते हैं, सब कालखंड के लिए काम नहीं आते हैं। बाबासाहब की विशेषता रही है कि उनके विचार हर कालखंड के लिए, हर पीढ़ी के लिए, हर तबके के लिए उपकारक रहे हैं। मतलब उन विचारों में ताकत थी। एक तपस्या का एक अर्थ था, जो राष्ट्र को समर्पित था। फिर 100 साल के बाद का भी देश कैसा हो सकता है, यह देखने का सामर्थ्य भी उसमें था। तब जाकर इस प्रकार की बात निकल पाती है। इसलिए सहज रूप से महापुरुषों को नमन करने का मन होना बहुत ही स्वाभाविक है।

बाबासाहब के योगदान के बारे में सोचता हूँ। इस संविधान के संबंध में कभी-कभी हम लोगों को लगता है कि यह ऐसा डॉक्यूमेंट है, जिसमें धाराएँ हैं। हमें क्या करना और क्या नहीं करना है, इन धाराओं से उसका रास्ता खोजना है। सरकार कैसे चलानी है, कैसे नियम हैं, संसद् कैसे चलानी है, क्या करना है, यह सब भी इसमें है। ग्रैनविल ऑस्टिन ने भारत के संविधान का वर्णन करते हुए कहा था, वह बड़ा इंटरेस्टिंग है। उन्होंने कहा था, यह एक सामाजिक दस्तावेज है। वरना संविधान एक कानूनी दस्तावेज भी हो सकता है। अगर संविधान बनाने में बाबासाहब आंबेडकर न होते, मुझे क्षमा करें मैं किसी की आलोचना नहीं कर रहा तो शायद हमारा संविधान देश चलाने के लिए, शासन चलाने के लिए उत्तम हो सकता था। तब वह संविधान सामाजिक दस्तावेज बनने से चूक जाता। यह सामाजिक दस्तावेज जिसने बनाया है, उन बाबासाहब आंबेडकर का दर्द, उनकी पीड़ा, उन्होंने जो झेला था, उन यातनाओं का अर्क उसमें शब्द बनकर जहर निकल रहा होता। ऐसा नहीं हुआ। तब जिस संविधान का निर्माण हुआ था, उसके बारे में उस विदेशी व्यक्ति ने कहा था कि यह एक सामाजिक दस्तावेज है। इसलिए इसे वैधानिक दस्तावेज न मानते हुए सामाजिक दस्तावेज कहना उचित ही है।

हम सब मनुष्य हैं, कमियाँ हम सब में हैं और एकाध गलत चीज हो जाए तो लंबे अरसे तक दिमाग से जाती नहीं है। किसी ने कुछ शब्द बोल दिया हो

तो चुभता रहता है, सामने मिलता है तो वो नहीं दिखता है, शब्द याद आता है। यह हम लोगों का स्वभाव है। आप कल्पना कर सकते हैं कि एक दलित माँ का बेटा, जिसने जन्म से जीवन तक सिर्फ यातनाएँ झेलीं, अपमानित होता रहा, उपेक्षित होता रहा, डगर-डगर उसको सहना पड़ा। उसी व्यक्ति के हाथ में जब देश के भविष्य का दस्तावेज बनाने का अवसर आया, यदि वह हम जैसा मनुष्य होता तो वह कटुता, वह जहर, कहीं-न-कहीं प्रकट होता। बदले की आग कहीं निकल आती, कहीं भाव निकल आता। लेकिन यह बाबासाहब आंबेडकर की ऊँचाई थी कि जीवन भर उन्होंने झेला, लेकिन संविधान में कहीं पर बदले का भाव नहीं है।

यह उस महानता, उस व्यक्तित्व की ऊँचाई है, जिसके कारण ऐसा संभव होता है। वरना हम सब जानते हैं, हम मनुष्य हैं, हमको मालूम है, एक शब्द भी ऐसा चूक जाता है, निकलता नहीं है। जीवन में कितनी ऊँचाई होगी, भीतर की सोच कितनी मजबूत होगी। उस महापुरुष ने उन सारे जहर को पी लिया और हमारे लिए अमृत छोड़ करके गए, इसलिए उस महापुरुष के लिए मुझे संस्कृत का एक श्लोक याद आता है—

स्वभावं न जहात्येव साधुरापद्गतोपि सन्।
कर्पूरः पावकस्पृष्ट सौरभं लभतेतराम्॥

साधु की सच्ची परीक्षा कठिन परिस्थितियों में ही होती है। जैसे—कपूर को आग के पास लाने पर उसे जलने का डर नहीं रहता, वह खुद जलकर अपनी सुरभि से सबको मोहित करता है।

'A good person never gives up his nature even when he is caught in calamity. Camphor caught with fire emits more fragrance.'

यह बात बाबासाहब के लिए एकदम से सटीक है। इसका मतलब है, साधु की सच्ची परीक्षा कठिन परिस्थितियों में ही होती है। इसलिए बाबासाहब को विशेष नमन करने का मन होना स्वाभाविक है। 26 नवंबर, 1949—बाबासाहब आंबेडकर ने स्वतंत्रता और लोकतांत्रिक व्यवस्था को बनाए रखने में स्वतंत्र भारत में नागरिकों के साथ कैसा व्यवहार करना चाहिए। एक भाषण में उन्होंने कहा, "If we wish to maintain democracy not merely in

form, but also in fact, what must we do? The first thing, in my judgment we must do, is to hold fast to constitutional methods of achieving our social and economic objectives. But where constitutional methods are open, there can be no justification for these unconstitutional methods. These methods are nothing but the grammar of anarchy and the sooner they are abandoned, the better for us." यदि हम लोकतंत्र को सिर्फ नाम रूप में ही नहीं, बल्कि सच में बनाए रखना चाहते हैं तो हमें क्या करना चाहिए। मेरे विचार में पहली चीज जो हमें करनी चाहिए, वह है कि अपने सामाजिक और आर्थिक लक्ष्यों को प्राप्त करने के लिए संवैधानिक तरीकों का दृढ़ता से पालन करना चाहिए। जहाँ संवैधानिक तरीके खुले हैं, वहाँ इन असंवैधानिक तरीकों का औचित्य नहीं हो सकता। ये तरीके और कुछ नहीं, बल्कि अराजकता हैं और उन्हें शीघ्र ही छोड़ना हमारे लिए बेहतर होगा।

मैं समझता हूँ, हम सब लोकतंत्र की परिपाटी से पले-पढ़े हुए लोग हैं। हमारे लिए ये 'डूज एंड डोंट्स' (करणीय और अकरणीय) की दृष्टि से उतना ही महत्त्वपूर्ण है। जिस दिन पंडित नेहरू ने संविधान सभा में एक प्रारूप रखा, उद्देश्य रखा, यानी उद्देश्य पर उनका प्रस्ताव आया था, उनका समर्थन डॉ. राधाकृष्णनजी[2] ने किया था। उन्होंने उसमें एक बहुत अच्छी बात कही थी, पंडित नेहरू के समर्थन में, उस प्रस्ताव के समर्थन में उन्होंने कहा था—

"धर्मम् क्षत्रस्य क्षत्रम्" [धर्म इज किंग ऑफ द किंग्स]

'धर्म सत्य में राजाओं में सर्वोपरि है।'

यह लोगों और शासकों, दोनों का शासक है।

यह कानून की संप्रभुता है, जिसका हमने दावा किया है।

यहाँ धर्म माने उन रिचुअल्स की बात नहीं है, संविधान की बात है। उन्होंने बहुत ऊँचे ढंग से हमारा मार्गदर्शन किया था। उसी प्रकार से प्रारूप समिति के अध्यक्ष के नाते डॉ. बाबासाहब आंबेडकर ने अनुच्छेद-368 में जो बात कही है, आज इन विषयों में जब छोटी-छोटी सुगबुगाहट हम सुनते हैं, इसलिए इस बात को समझा जाना आवश्यक है—

"The Constitution is a fundamental document. It is a document, which defines the position and power of the three organs of the State– the executive, the judiciary and the legislature. It also defined the powers of the executive and the powers of the legislature as against the citizen, as have done in our chapter dealing with Fundamental Rights. In fact, the purpose of a Constitution is not merely to create the organs of

2. देश के पहले उपराष्ट्रपति और फिर राष्ट्रपति भी रहे

the State but to limit their authority, because, if no limitation was imposed upon the authority of organs, there will be complete tyranny and complete oppression. The legislature may be free to frame any Law; the executive may be free to take any decision; and the Supreme Court may be free to give any interpretation of the Law. It would result in utter chaos."

संविधान आधारभूत दस्तावेज है। यह वह दस्तावेज है, जो राज्य के तीनों अंगों कार्यपालिका, न्यायपालिका और विधायिका की स्थिति तथा शक्तियों को परिभाषित करता है। यह कार्यपालिका की शक्तियों और विधायिकाओं को नागरिकों के प्रति भी परिभाषित करता है। जैसा कि हमने मौलिक अधिकारों के अध्याय में किया है। वस्तुतः संविधान का उद्देश्य राज्य के अंगों का मात्र सृजन करना नहीं है, बल्कि उसके प्राधिकार को सीमित करना है। क्योंकि यदि अंग के प्राधिकार पर सीमा नहीं लगाई जाती तो वह पुनः निरंकुश होगा। विधायिका किसी भी कानून को बनाने के लिए स्वतंत्र हो, कार्यपालिका कोई भी निर्णय लेने के लिए स्वतंत्र हो तथा सर्वोच्च न्यायालय कानून की कोई भी व्याख्या करने के लिए स्वतंत्र हो तो इसकी परिणति अराजकता में होगी। यह बात बाबासाहब आंबेडकर ने पूरी ताकत के साथ कही थी। इसी बात को आगे भारत के पूर्व मुख्य न्यायाधीश, न्यायमूर्ति गजेंद्र गडकर ने विधि आयोग के अध्यक्ष के नाते अपनी रिपोर्ट में एक महत्त्वपूर्ण बात के रूप में कहा है—

"In a democratic country like India, which is governed by a written Constitution, supremacy can be legitimately claimed only by the Constitution. It is the Constitution which is paramount, which is the law of laws, which confers on Parliament and the State Legislatures, the Executive and the Judiciary their respective powers, assigns to them their respective functions, and prescribes limitations within which the said powers and functions can be legitimately discharged."

गजेंद्र गडकर कहते हैं, आयोग विश्वास करता है कि भारत जैसे लोकतांत्रिक देश में जो कि लिखित संविधान द्वारा अभिशासित है, वहाँ सर्वोच्चता का दावा केवल संविधान द्वारा ही कानूनी रूप से किया जा सकता

है। यह संविधान ही है, जो सर्वोच्च है, जो कि कानूनों का कानून है, जो संविधान और राज्य विधायिकाओं, कार्यपालिकाओं और न्यायपालिकाओं को उनकी शक्तियाँ प्रदान करता है। उनको उनके संबंधी कार्य देता है तथा उन सीमाओं को विहित करता है, जिसमें उक्त शक्तियों का कानूनी रूप से अपने कार्यों में निष्पादन करती है। यानी संविधान इतना स्पष्ट है, सटीक है, इसलिए यह हमारा दायित्व बनता है कि हम इन सारी बातों को बार-बार उजागर करें। उजागर कर हम उसको कैसे आगे बढ़ाएँ, इस दिशा में हमारा प्रयास रहना चाहिए।

हमारे लिए आज संविधान और अधिक महत्त्वपूर्ण होता जाता है, क्योंकि हमारा देश विविधताओं से भरा है। अलग-अलग जगह पर अलग-अलग प्रकार के एक्सप्रेशंस भी हैं। आज जब हम इस लोकतंत्र के मंदिर में एकत्र हुए हैं, हमें देखना होगा कि वह कौन सा संकल्प है, जो हमें एकजुट रखता है और कौन सा संकल्प है, जो हमें एक बनाता है। डॉ. बाबासाहब आंबेडकर ने कहा है—"I feel, however a good constitution may be, it is sure to turn out bad because those who are called to work it, happened to be bad lot. However bad a constitution may be, it may turn out to be good if those who are called to work it, happened to be good lot. The working of a constitution does not depend wholly upon the nature of the constitution."

मैं महसूस करता हूँ कि एक संविधान चाहे कितना भी अच्छा क्यों न हो, बुरा हो सकता है, क्योंकि जिन्हें इसे कार्यान्वित करने के लिए कहा जाता है, एक अपात्र समूह भी हो सकता है। तथापि एक संविधान चाहे कितना भी खराब क्यों न हो, वह अच्छा साबित हो सकता है, यदि इसे जिसे कार्यान्वित करने के लिए दिया गया है, वह एक अच्छा समूह हो। संविधान का काम करना संविधान की प्रकृति पर ही पूरा निर्भर नहीं होता। मैडम सोनियाजी ने भी इस बात का जिक्र किया था। राज्यसभा में भी इस बात का जिक्र हुआ है। इसलिए संविधान की सैंक्टिटी हम सबका दायित्व है, यह हम सबकी जिम्मेवारी है और यह ठीक है कि आखिरी चीज बहुमत से बनती है। लेकिन यह हम न भूलें कि लोकतंत्र में ज्यादा ताकत तब आती है, जब हम सहमति

के रास्ते पर चलते हैं। हम सहमति और समझौते का प्रयास करते हैं, लेकिन जब सारे प्रयास विफल हो जाएँ, तब आखिरी रास्ता होता है अल्पमत और बहुमत। इस सदन में एक तरफ ज्यादा लोग हैं, इसलिए उनको यह अधिकार नहीं मिल जाता है कि जो चाहे वे थोप दें। इसलिए हर किसी का साथ और सहयोग मिलना चाहिए। इस भावना को हमें आगे बढ़ाना होगा। अटल बिहारी वाजपेयीजी की सरकार थी। इस सदन में बहुमत की परीक्षा हो रही थी। बहुमत की परीक्षा के समय 'नेक टू नेक' मामला था। ओडिशा के मुख्यमंत्री श्रीमान गिरधर गमांगजी लोकसभा के सदस्य थे। इस्तीफा अभी दिया नहीं था, इसी समय वाजपेयीजी को अपना बहुमत सिद्ध करने की नौबत आ गई। उस समय देश में चर्चा थी कि गमांगजी क्या करेंगे। स्पीकर महोदय ने भी कहा, ठीक है आप आए हैं, लेकिन अपनी अंतर-आत्मा से पूछकर जो करना है, वह करिए। उड़ीसा के मुख्यमंत्री ने अटलजी की सरकार के खिलाफ वोट किया। तब एक वोट से अटलजी की सरकार हार गई थी।[3] संविधान उच्च हाथों में होता है, तब किस प्रकार का व्यवहार होता है और कभी गलती होती है तो कैसा होता है, इससे बड़ा कोई उदाहरण नहीं हो सकता है। मैं मानता हूँ कि अटलजी का उस दिन जो भाषण हुआ और जिस ऊँचाई से उन्होंने अपनी सत्ता को छोड़ा था, उसको हम कभी भूल नहीं सकते। क्या लोकतंत्र की ऊँचाई को उन्होंने स्वीकार किया था!

इतने हजारों साल का हमारा देश है, कमियाँ हमारे में भी आती हैं। कभी-कभी बुराइयाँ भी प्रवेश कर जाती हैं, लेकिन कुछ बात है कि हस्ती मिटती नहीं हमारी। यह बात हम बताते हैं कि उसकी मूल ताकत क्या है। मूल ताकत यह है कि हजारों साल पुराना यह समाज, इसमें एक ऑटो पायलट क्वालिफिकेशन अरेंजमेंट है। बुराइयाँ हमारे समाज में नहीं आई हैं, ऐसा नहीं है। बुराइयाँ आई हैं। कभी-कभी बुराइयों ने जड़ें जमा दी हैं, लेकिन उसी समाज में से लोग पैदा हुए हैं, जिन्होंने बुराइयों को खत्म करने के लिए जिंदगी खपा दी है। समाज के विरोध के बाद भी वे लड़े हैं। समाज की एकता और अखंडता के लिए उन्होंने प्रयास किया है। समाज में समयानुकूल वे बदलाव लाए हैं। हमारे देश

3. 17 अप्रैल, 1999

में धार्मिक परंपराओं के रहते समाज जकड़ गया था। पुरोहितों का बड़ा तांडव चल रहा था, समाज एक प्रकार से विचलित परिस्थिति में था। तभी तो इस देश में भक्ति युग आया। चैतन्य महाप्रभु कहो, मीराबाई कहो, नरसी मेहता कहो, कितने लोग आए, जिन्होंने चंगुल से इस समाज को बाहर निकाला। यही तो समाज था, जो कभी सती प्रथा पर गर्व करता था, लेकिन राजा राम मोहनराय पैदा होते हैं। समाज के विरोध में एक आदमी खड़ा हो जाता है कि सती प्रथा पाप है, यह विधवा दहन है। यह कभी देश में चल नहीं सकता। समाज को बदलाव स्वीकार हो जाता है। कोई विद्यासागर पैदा होते हैं, जब एक महिला विधवा हो जाती है तो जीवन भर यातनाएँ झेलनी पड़ती थीं। आज भी कभी-कभी इस संकट को समाज में देखा जाता है, वो दिन कैसे होंगे, जब विद्यासागरजी ने बीड़ा उठाया होगा और उन्होंने कहा होगा कि विधवा का पुनः लगन (विवाह) होना चाहिए। बच्चियों को पढ़ाना चाहिए। जब समाज में दलित पीड़ित, शोषित, वंचित, गरीबों की बेरहमी की अवस्था थी, तब इनके लिए कोई ज्योतिबा फूले, कोई बाबासाहब आंबेडकर मैदान में आते हैं। छूत का काल था, कोई नरसी मेहता, कोई महात्मा गांधी उस कालखंड में निकल पड़ते हैं। राजनीति का बाजू छोड़कर छुआछूत को खत्म करने के लिए जीवन को खपा देते हैं। तभी तो समाज में जब भ्रष्टाचार चरम सीमा पर होता है तो कोई जयप्रकाश नारायण निकल पड़ते हैं। इस देश में समाज के अंदर बुराइयाँ जब भी आईं—एक ऑटो पायलट अरेंजमेंट है, जहाँ से हर कालखंड में कोई-न-कोई महापुरुष आता है, जो समाज को दिशा दिखाता है और समाज को बचा लेता है। यही तो हमारी ताकत है, आज संविधान हमारे लिए मार्गदर्शक है। लेकिन किसी जमाने में वो भी नहीं था, तब भी समाज में दिशा-निर्देश मिलते थे। आज संविधान का सहारा है।

आजादी के आंदोलन में देश के लिए निकलने वाले लोगों को समाज बड़े गर्व के साथ देखता है। आज उनके परिवार के प्रति भी बड़े गौरव से देखता है, लेकिन यह भी हकीकत है कि कुछ-न-कुछ कारणों से राजनीतिक बिरादरी की साख कम हुई है। समाज का उनकी तरफ देखने का रवैया बदला है। यह हम लोगों के लिए चुनौती है कि हम अपने आचरण से, व्यवहार से

फिर से एक बार इसकी प्रतिष्ठा बढ़ाएँ। यह एक ऐसा इंस्टीट्यूशन है, जो लोकतंत्र का अनिवार्य अंग है।

इतनी बदनामी और हमें समाज के लगातार कोसते रहने के बावजूद, राजनीति की ताकत कैसे बढ़े, यह सोचना चाहिए। हम सब राजनेता बुरे, हम राजनीतिक कार्यकर्ता बुरे, हर प्रकार के पाप हमारे ऊपर पड़े हैं, हम दिन-रात यह सारा सुनते हैं। लेकिन मैं देश से कहना चाहता हूँ कि राजनेताओं ने निर्वाचित सदन में बैठकर अपने ऊपर बंधन लगाने के निर्णय भी लिये हैं। आप देखिए इलेक्शन कमीशन को—जब हम चुनाव लड़ते हैं तो फॉर्म भरते हैं। हम खुद लिखते हैं कि मेरे पर इतने गुनाह हैं, हम खुद लिखते हैं कि मेरे पास इतनी चल-अचल संपत्ति है। यह हम पर कोई थोपा हुआ विषय नहीं था। तब वे राजनेता कौन थे और सरकार किसकी थी, यह मेरा विषय नहीं है। इसी सदन में बैठे हुए सांसदों, इन्हीं राजनीतिक दलों के राजनेताओं ने यह आत्मसंयम स्वीकार किया। उन्होंने बदलाव किया। इतना ही नहीं, यह भी चिंता रही कि चुनाव में खर्चा ज्यादा होता है। काले धन का उपयोग कम होना चाहिए। यही राजनेता हैं, उन्होंने इलेक्शन कमीशन के साथ सर्वसम्मति से शपथ-पत्र बनाया। हम अकाउंटिंग सिस्टम करेंगे। जितने बंधन आते जाते हैं, राजनीतिक दल स्वीकार करते जाते हैं। उनको भी लगता है कि राजनेता संवेदनशील हैं। किसी भी दल का हो, किसी भी परंपरा से आया हो, लेकिन उन्होंने संवेदनशीलता के साथ राष्ट्र के कल्याण के लिए जिम्मेदारियाँ निभाई हैं। यह दुर्भाग्य है कि देश की राजनीतिक बिरादरी का उस प्रकार का महत्त्व नहीं रहा।

हमारे यहाँ समय आया, जब मंत्रियों की संख्या बढ़ने लगी, राजनीतिक दबाव बनाने लगे। संतुलन बिठाने की मुसीबत आने लगी तो संसद् के अंदर बैठे हुए इन्हीं राजनेताओं ने मिलकर तय किया कि हम कोटा सिस्टम करेंगे। इतने परसेंट से ज्यादा मिनिस्टर नहीं हो सकते। हमने पालन किया। हमने अपने पर बंधन लगाए। लोकतंत्र की व्यवस्था की आवश्यकता मैं मानता हूँ। समय-समय पर जब भी जरूरत पड़ी, कभी देर होती होगी। आप देखिए, सुप्रीम कोर्ट ने निर्णय कर लिया कि इतनी सजा के बाद आप चुनाव नहीं लड़ सकते। संसद् कानून बना सकती थी। कानून बनाकर के छुटकारा ले सकती

थी। लेकिन यही संसद् है, यही राजनेता हैं, जिन्होंने अपने पर उस कानून को स्वीकार कर लिया। यह चीजें हमारे वो पहलू हैं, जिसके लिए हम गर्व कर सकते हैं। राजनीतिक जीवन में हमने इन मर्यादाओं को स्वीकार किया है। एक से बढ़कर एक स्टालवर्ट लोग इस सदन में आकर बैठे हैं और यह इस सदन की विशेषता रही है। मुझे याद है कि मैं जब पार्टी संगठन का काम करता था तो टी.वी. डिबेट्स में जाना होता था। प्राइम टाइम रहता था, उस समय तो बहुत ही माँग रहती थी। एक बार मैं और गुलाम नबी आजाद टी.वी. डिबेट पर थे। काफी तू-तू मैं-मैं चलती थी, स्वाभाविक था वो। बाद में जब कार्यक्रम पूरा हुआ तो हम बड़ी मस्ती से चाय वगैरह पी रहे थे। पत्रकारों में से उनके कोई सीनियर व्यक्ति थे, मुझे ज्यादा याद नहीं है तो गुलाम नबीजी ने बड़ी महत्त्वपूर्ण बात कही। उन्होंने कहा कि आप भले मानते हों कि हम ऐसे एक-दूसरे के दुश्मन जैसे लगते हैं। कभी संसद् में आकर देखिए, कैसे एक फैमिली की तरह विहैव करते हैं। कितना अपनापन हमारे बीच होता है। यह कोई मोदी नहीं लाया है। पिछले 50 साल से सबने तपस्या कर के किया है। और इसलिए इन महान् चीजों का गुणगान, इन महान् चीजों का आदर और इसको और पनपाना—यह हम पर है।

एक बार राम मनोहर लोहियाजी ने सदन में बड़ी ऐतिहासिक बात कही। आँकड़ों के द्वारा पंडित नेहरू को उन्होंने ये बताया कि आपकी नीतियाँ देश के काम में नहीं आने वालीं, ये गलत हैं। राम मनोहर लोहिया विपक्ष में थे। जमकर के बोले, लेकिन गौरव तो इस बात का था कि पंडित नेहरू खड़े होकर कह रहे हैं कि मैं आपके आँकड़ों को नकार नहीं सकता। ये ऊँचाई थी, इस देश में पंडित नेहरू ने ऊँचाई दिखाई थी। हमें सत्यनिष्ठ बुद्धि का, अपने साथियों का गौरव करना होगा। संविधान की उस भावना को हम तभी स्वीकार कर पाएँगे। इसलिए ये जो हमारी बौद्धिक सत्यनिष्ठा है, हमारे सभी सदस्यों को ईश्वर ने कुछ-न-कुछ दिया है। उसका आदर-सत्कार करने का भाव हमारी सहज प्रकृति बननी चाहिए। आजादी के आंदोलन में जो महापुरुष थे, वे समाज को समय-समय पर दिशा देते थे। वो जज्बा था उन नेताओं में, वो कह सकते थे—गलत है, मत करो। ये नहीं कर सकते। ये उनकी ताकत थी।

महात्मा गांधी तो कभी कंप्रोमाइज करते ही नहीं थे। समय के साथ हम ऐसी आश्रित अवस्था में आ गए हैं कि हम हमारी जिस जनता के प्रतिनिधि हैं, उनसे कुछ कहने का हौसला नहीं रहा है। ज्यादातर हमारे संविधान का एक ही पहलू उजागर होकर आया है। वो है कि हक क्या है, मेरा अधिकार क्या है। इसी के आस-पास देश चल पड़ा है। इस पवित्र अवसर पर मैं सदन से

प्रार्थना करता हूँ, मैं देशवासियों से प्रार्थना करता हूँ कि समय की माँग है कि हम अधिकारों पर जितना बल दें, उतना ही हम अपने कर्तव्य पर भी बल दें। ड्यूटी पर बल दें। देश अधिकार और कर्तव्य के मिक्स भाव से चल सकता है, वरना देश नहीं चल सकता। वरना हमारे सरकारी अफसरों को भी पूछोगे, किसी काम के बारे में पूछो तो क्या होता है। सबसे पहले सवाल आता है। वहीं से शुरू होता है कि मेरा क्या? और मेरा क्या का जवाब अगर निगेटिव आया तो मुझे क्या? यह स्थिति देश के लिए अच्छी नहीं है। कर्तव्य भाव जगाना होगा।

महात्मा गांधी ने एक बड़ी अच्छी बात कही थी। यह हम लोगों के लिए और देश के लिए भी याद करने जैसी है। आज पूँजीपति और जमींदार अपने अधिकारों की बात करते हैं। दूसरी तरफ मजदूर अपने हितों की, रजवाड़े अपने प्रभुत्व की और किसान उनके अधिकार की अवहेलना की। यदि सभी केवल अपने अधिकारों की बातें करें और अपने कर्तव्य से मुँह मोड़ लें तो परिणाम अव्यवस्था और अराजकता ही होगी। यदि सभी अपने अधिकारों के स्थान पर कर्तव्य की बात करेंगे तो शीघ्र ही मानवता में 'रूल ऑफ ऑर्डर' की स्थापना स्वत: हो जाएगी। राजाओं को शासन करने का कोई दैवीय अधिकार नहीं होता। और न ही किसानों का कोई फर्ज होता है कि वो अपने आकाओं का हर हुक्म मानें। यह गांधीजी का संदेश है। इसलिए जब हम संविधान की चर्चा करते हैं, तब हमारे सामने ये प्रमुख बात रहती है कि हम कर्तव्य पर बल कैसे दें। हम कर्तव्य के प्रभुत्व की ओर समाज को ले जाने में अपनी कोई भूमिका अदा कर सकते हैं क्या?

संविधान का जिक्र चलने पर डॉ. राजेंद्र बाबू[4] की एक बात याद आती है। उन्होंने कहा था, सभी को आश्वासन देते हैं कि हमारा प्रयास होगा कि हम गरीबी और बदहाली को और इसके साथ ही भूख और बीमारी को खत्म करेंगे। अंतर और शोषण को समाप्त करेंगे और जीवन की उत्तम दिशाएँ सुनिश्चित करेंगे। हम एक महान् मार्ग की यात्रा शुरू कर रहे हैं। हमें आशा है कि इस यात्रा में हमें अपने सभी लोगों की उदार सेवा और सहयोग

---

4. संविधान सभा के अध्यक्ष और बाद में देश के पहले राष्ट्रपति डॉ. राजेंद्र प्रसाद

मिलेगा तथा समुदायों की सहानुभूति और समर्थन हासिल होगा। आज के समय में संविधान हमारे पास है। इसके बारे में कोई भ्रम फैलाते होंगे तो गलत है। कोई संविधान बदलने के लिए सोच नहीं सकता है और अगर कोई सोचेगा तो वह आत्महत्या कर रहा है, क्योंकि उन महापुरुषों ने जो सोचा है, आज की अवस्था में कोई कर ही नहीं सकता है। हमारा तो भला उसमें है कि इसको अच्छे ढंग से हम कैसे गरीब, दलित, पीड़ित, शोषित के काम में लाएँ।

बाबासाहब आंबेडकर ने आरक्षण की व्यवस्था को बल न दिया होता तो कोई मुझे बताए कि दलित, पीड़ित, शोषित समाज की हालत क्या होती। परमात्मा ने उसको सब दिया है, जो मुझे आपको दिया है, लेकिन उसे अवसर नहीं मिला। इसी कारण उसकी दुर्दशा है। उन्हें अवसर देना हम सबका दायित्व बनता है। समाज का इतना बड़ा तबका जब विकास की यात्रा पर हमारे साथ कंधे से कंधा मिलाकर चलने वाला साथ खड़ा हो जाए तो देश कहाँ से कहाँ पहुँच जाएगा।

कोई भू-भाग पीछे नहीं रहना चाहिए। कोई समाज पीछे नहीं रहना चाहिए। अगर शरीर का एक अंग लकवा मार गया हो तो शरीर को स्वस्थ नहीं माना जाता है। अगर शरीर का एक अंग भी कमजोर है तो ये शरीर कभी स्वस्थ नहीं माना जाता। इस समाज में कोई एक अंग निर्बल है तो फिर ये समाज सशक्त नहीं माना जा सकता। यह राष्ट्र सशक्त नहीं माना जा सकता। और इसलिए राष्ट्र का सशक्तीकरण उसमें है कि समाज के सभी अंग सशक्त हों। पुरुष हों अथवा स्त्री, इस जाति के हों अथवा उस जाति के, किसी भी पंथ के हों। किसी भी भाषा के हों अथवा किसी भी भूभाग में रहते हों, हमारे लिए आवश्यक होता है कि सबके सशक्तीकरण के लिए हम काम करें। उस काम को हमें पूरा करना होगा।

हमारे सामने बहुत बढ़िया अवसर भी है, चुनौती भी है। जहाँ 80 करोड़ युवा हों, इससे बड़ा किसी देश का सौभाग्य क्या हो सकता है। उनको रोजगार देना, उनके हाथ में हुनर देना हमारा काम है। भारत का भाग्य बदलने के लिए हमारे पास जो भी बुद्धि, संपदा, ज्ञान, व्यवस्था, संविधान, जो भी है,

हम उसका उपयोग हमारी इस शक्ति को उजागर करने में लगाएँ। हमारे देश में इतने साल के बाद भी हम लोगों की चिंता है कि न्याय सहज सुलभ हो और त्वरित हो। लोकतंत्र के जितने पहलू महत्त्वपूर्ण हैं, उनमें एक महत्त्वपूर्ण है—ग्रिवांस रिड्रेसल सिस्टम[5], यह लोकतंत्र को मजबूती देता है। उसी प्रकार से, सोशल जस्टिस एक विषय है, उसकी चिंता करने के साथ सामान्य मानवों के जीवन में हम न्याय को त्वरित ढंग से कैसे पहुँचाएँ, इस पर भी सोचना होगा। लोक अदालतों की दिशा में आगे बढ़ना होगा और ऐसा करने से मैं समझता हूँ कि काफी काम होगा। बाबासाहब आंबेडकर ने जो एक महान् काम किया, जो आज श्रमिकों के कानों तक नहीं पहुँचा है। खड़गे साहब का कहना सही है कि पहले कोई नियम नहीं था कि श्रमिक कितने घंटे काम करेगा। बाबासाहब आंबेडकर ने ताकत दिखाई और श्रमिकों के लिए आठ घंटे समय-सीमा निर्धारित की गई। कोई महापुरुष एक काम करके जाता है। पीढ़ियों तक उसका कितना बड़ा योगदान होता है, यह उसका नमूना है।

मैं मानता हूँ कि हमारे लिए आवश्यक होता है कि हम चीजों को करें। हमारे यहाँ मजदूरों का ईपीएफ अकाउंट होता है। मजदूर जब एक जगह से दूसरी जगह चला जाता है तो पता नहीं चलता कि इस अकाउंट के उसके पैसे कहाँ गए। अब उसकी रकम इतनी ही होती थी कि वो लेने जाता नहीं था और सरकार के पास ऐसे 27 हजार करोड़ रुपए पड़े हैं। हमने एक पोर्टेबिलिटी सुनिश्चित की। उसका यूएन नंबर तय कर दिया। उसका परिणाम यह हुआ है कि श्रमिक गाँव छोड़कर, राज्य छोड़कर अथवा नौकरी छोड़कर जहाँ भी जाएगा, इस यूएन नंबर के साथ वो एकाउंट भी मूव करेगा। उसके पैसे उसके साथ चलते जाएँगे और उसके पैसों का हक कोई छीन नहीं पाएगा। यह काम करने का हमने प्रयास किया है। हमने श्रमिकों के लिए एल.आई.एन.[6] की ऑनलाइन व्यवस्था की है। एल.आई.एन. नंबर डालते ही जितनी उसकी चीजें हैं, अपने आप मिल जाती हैं। हमारे देश में ई.पी.एफ.ओ. से पेंशन मिलती थी। जब मैं आया तो मेरे ध्यान में आया कि किसी को सात रुपए पेंशन मिलती

5. किसी भी सरकारी सेवा के बारे में ऑनलाइन शिकायत व्यवस्था
6. लेबर आइडेंटिफिकेशन नंबर

है, किसी को दस रुपए तो किसी को बीस-पच्चीस रुपए। कुछ को ढाई सौ रुपए भी मिलते हैं। यह तो उस बेचारे के लिए ऑटोरिक्शा का किराया भी नहीं होता, जिससे वह पेंशन लेने के लिए पोस्ट ऑफिस तक आता है। हमने इस बारे में निर्णय लिया और मिनिमम पेंशन एक हजार रुपए कर दिया। साथ में पेंशनभोगियों को उनके आधार कार्ड से डायरेक्ट बेनिफिट स्कीम में भी जोड़ दिया। सदन में बोनस एक्ट आने वाला है। इस बोनस एक्ट के अंतर्गत राशि को 3,500 से बढ़ाकर 7,000 रुपए करने और अर्हता वाली सीमा 10,000 से 21,000 रुपए करने के लिए कैबिनेट ने पारित किया है। सदन में इस बार हमारे श्रमिकों के लिए यह बड़ा महत्त्वपूर्ण कदम आने वाला है। एक के बाद एक ऐसे निर्णय, जो हमारे देश के गरीबों की भलाई के काम आएँ, उस दिशा में हम काम करने का प्रयास कर रहे हैं।

मैंने पहले भी कहा था। आज दोबारा कहना चाहता हूँ कि सरकार का एक ही धर्म होता है, इंडिया फर्स्ट। सरकार का एक ही धर्मग्रंथ होता है—भारत का संविधान। देश संविधान से ही चलेगा। संविधान से ही चलना चाहिए और संविधान की ताकत से ही देश को ताकत मिल सकती है। उसमें किसी भी प्रकार की दुविधा, आशंका का कोई कारण नहीं है। भारत मूलतः जिन आदर्शों और विचारों से पला-बढ़ा है, वो हमारी एक ताकत है, वो हमारी एक आत्मिक शक्ति है। इसलिए हमारे देश की जो अंतर ऊर्जा है, उसको हमें कभी कम आँकने की जरूरत नहीं है। हजारों साल की तपस्या से अंतर ऊर्जा तैयार हुई है। वही देश को भी गति देती है, समाज को भी गति देती है और संकटों से उबरने की ताकत भी देती है। और तब मैं कहना चाहूँगा—आइडिया ऑफ इंडिया।

माय आइडिया ऑफ इंडिया : सत्यमेव जयते।
माय आइडिया ऑफ इंडिया : अहिंसा परमो धर्मः।
माय आइडिया ऑफ इंडिया : एकं सद् विप्राः बहुधा वदन्ति।
माय आइडिया ऑफ इंडिया : पौधों में परमात्मा दिखना।
माय आइडिया ऑफ इंडिया : वसुधैव कुटुम्बकम्।
माय आइडिया ऑफ इंडिया : सर्व पंथ समभाव।
माय आइडिया ऑफ इंडिया : अप्प दीपो भव।

माय आइडिया ऑफ इंडिया : तेन त्यक्तेन भुञ्जीथा।

माय आइडिया ऑफ इंडिया : सर्वे भवन्तु सुखिनः सर्वे सन्तु निरामया।

माय आइडिया ऑफ इंडिया : न त्वहं कामये राज्यं न स्वर्गं न पुनर्भवम् कामये दु:खतप्तानां प्राणिनामार्तिनाशनम्।

माय आइडिया ऑफ इंडिया : वैष्णव जन तो तेने कहिये जे पीड़ परायी जाणे रे।

माय आइडिया ऑफ इंडिया : जन सेवा ही प्रभु सेवा।

माय आइडिया ऑफ इंडिया : सह नाववतु सह नौ भुनक्तु सह वीर्यं करवावहै तेजस्वीनावधीतमस्तु मा विद्विषावहै।

माय आइडिया ऑफ इंडिया : नर करनी करे तो नारायण हो जाए।

माय आइडिया ऑफ इंडिया : नारी तू नारायणी।

माय आइडिया ऑफ इंडिया : यत्र नार्यस्तु पूज्यन्ते रमन्ते तत्र देवता:।

माय आइडिया ऑफ इंडिया : आ नो भद्रा: क्रतवो यन्तु विश्वत:।

माय आइडिया ऑफ इंडिया : जननी जन्मभूमिश्च स्वर्गादपि गरीयसी।

इसी भाव के साथ मैं फिर एक बार आप सभी का हृदय से अभिनंदन करता हूँ।

(27 नवंबर, 2015 को डॉ. बी.आर. आंबेडकर की 125वीं जयंती के अवसर पर लोकसभा में बहस के समापन पर दिया गया भाषण)

□

राज्यसभा में संविधान दिवस

"26 नवंबर अर्थात् संविधान दिवस के पीछे मन में एक कल्पना है कि सिर्फ संविधान की धाराओं में देश सिमटा न रहे। उनके पीछे की भावनाओं से भी देश जुड़े, जिन्हें संविधान सभा में बैठे हुए लोगों ने व्यक्त किया था। हमें कोई शक नहीं है कि उसमें बैठने वाले अधिकतर लोगों की विचारधारा एक ही तरह की थी। उसमें कांग्रेस से जुड़े हुए काफी लोग थे, लेकिन हम में उन पर गर्व करने की हिम्मत है। हमारे संस्कार हैं कि उनका आदर कर सकते हैं, उनका अभिनंदन कर सकते हैं, ये हमारे संस्कार हैं। इसको हमें सकारात्मक रूप में लेना चाहिए और सुझाव भी आने चाहिए।"

बाबासाहब आंबेडकरजी की 125वें जयंती वर्ष पर एक अच्छा उपक्रम हुआ था, जब सभी दलों के मुखिया संसद् सत्र शुरू होने से पहले एक साथ बैठे थे। हर किसी ने संविधान दिवस की परिकल्पना का एक स्वर से स्वागत किया था। वैसे हम ये दावा नहीं करते कि यह मूल विचार कोई हमारा था। हो सकता है, मेरी जानकारी के सिवाय भी कुछ हो, लेकिन 2008 में महाराष्ट्र में कांग्रेस सरकार ने, 26 नवंबर को संविधान दिवस के रूप में मनाना आरंभ किया था। एक अच्छा काम उन्होंने ये किया था कि स्कूलों में उसकी प्रस्तावना का पाठ बालकों से करवाते थे। जब मैं गुजरात में था तो मुझे ये प्रयोग अच्छा लगा था। हम 15 अगस्त मनाते हैं, 26 जनवरी

मनाते हैं। थोड़ा-बहुत तो 15 अगस्त को, आजादी के आंदोलनकारियों को, आजादी के दीवानों को हम याद करते हैं। टी.वी. वगैरह में भी चर्चा चलती है, अखबारों में भी रहती है। गणतंत्र दिवस 26 जनवरी पर उतना नहीं होता है। उस दिन परेड पर ही ध्यान केंद्रित होता है। भारत जैसे लोकतांत्रिक देश में एक बात निश्चित है कि अब हमारे लिए मार्गदर्शन की कोई जगह है तो हमारा संविधान है। आगे बढ़ने के लिए कोई रास्ता है तो संविधान है। मुश्किलातों में भी साथ चलने के लिए, साथ जोड़ने के लिए हमारा संविधान है। हमारी आने वाली पीढ़ियों को हम संविधान से परिचित करवाएँ। इतना ही नहीं कि ये संविधान की धाराएँ क्या हैं, किस पार्श्व भूमि में संविधान का निर्माण हुआ, कैसे-कैसे महापुरुषों ने किस-किस प्रकार का योगदान दिया और वे दूर-दूर तक का कैसे देख पाते थे। हम यह भी बताएँ कि इतनी विविधता से भरे इस देश के सामने और वो भी गुलामी के कालखंड में अनेक समस्याएँ आईं। उनसे उबारने का प्रयास भी हुआ था। भारत की जो मूल आत्मा है, भारत की जो मूल चिंतनधारा है, उसके प्रकाश में भारत के

सामने जो चुनौतियाँ हैं, उन चुनौतियों को पार करने के लिए कोई व्यवस्था विकसित करनी थी। यह काम कितना महान् था। संभव नहीं है कि संविधान सभा और फिर पहली लोकसभा के सभी महापुरुषों का नाम दें, उन सभी को हम आदर देते हैं। उनका आदर करने के लिए पहले किसी ने कार्यक्रम नहीं किया था तो उसने गुनाह किया, ऐसा मैं नहीं मानता। हमें विचार आया तो हमने किया है, लेकिन करने का इरादा ये है कि इस राष्ट्र को आने वाली शताब्दियों तक दिशा देने के लिए जिन महापुरुषों ने काम किया है, हमारी आगे वाली पीढ़ी उसे जाने और समझे।

उस दौर में उसमें मेरी पार्टी का कोई सदस्य होता, तभी मैं याद करूँ, ऐसे देश नहीं चलता है। वे किस विचार के थे, किस दल के थे, उसके आधार पर हम निर्णय नहीं कर सकते हैं। ये देश हर किसी के किसी-न-किसी सकारात्मक योगदान का परिणाम होता है। उनके हर सकारात्मक योगदान को ही हमें जोड़ते चलना है। तभी तो राष्ट्र संप्रभुत्व वाला होता है। इसलिए 26 नवंबर, अर्थात् संविधान दिवस के पीछे मन में एक कल्पना है कि सिर्फ संविधान की धाराओं में देश सिमटा न रहे। उनके पीछे की भावनाओं से भी देश जुड़े, जिन्हें संविधान सभा में बैठे हुए लोगों ने व्यक्त किया था। हमें कोई शक नहीं है कि उसमें बैठने वाले अधिकतर लोगों की विचारधारा एक ही तरह की थी। उसमें कांग्रेस से जुड़े हुए काफी लोग थे, लेकिन हममें उन पर गर्व करने की हिम्मत है। हमारे संस्कार हैं कि उनका आदर कर सकते हैं, उनका अभिनंदन कर सकते हैं, ये हमारे संस्कार हैं। इसको हमें सकारात्मक रूप में लेना चाहिए और सुझाव भी आने चाहिए।

भले इस चर्चा में ज्यादा लोग नहीं आए हैं, लेकिन अलग से भी उनसे ज्यादा अपेक्षाएँ हैं। हमें पक्ष और विपक्ष, उससे ऊपर कभी-कभी निष्पक्ष भी तो होना चाहिए। प्रश्न है कि हम आने वाली पीढ़ी को हमारे संविधान की मूल भावनाओं से परिचित कैसे करवाते हैं। संविधान के प्रति उनकी आस्था कैसे दृढ़ होती चले, निराशा के दिनों में भी उनको लगना चाहिए कि कुछ लोग ऐसे आ गए हैं, जिनसे गड़बड़ हो रही है, लेकिन यह एक जगह है, जिससे कभी-न-कभी तो सूरज चमकेगा। हमारी आने वाली पीढ़ियों में ये

भाव भरना निरंतर आवश्यक होता है। इसलिए इस पर संवाद का प्रयास हुआ है। ऐसा अगर होता है तो फिर इसे नीचे भी प्रवाहित किया जा सकता है।

सरकार में बैठे हुए हम लोगों का ये इरादा नहीं है कि हर बार इस प्रकार की बहस हो, न हमने ऐसा कहा है। बाबासाहब आंबेडकर के 125वें जन्म जयंती वर्ष में उनका योगदान हम कम नहीं आँक सकते। हमने उनकी उपेक्षा भी बहुत देखी। हमने उनका उपहास भी बहुत देखा और मजबूरन उनकी स्वीकृति को भी हमने देखा है। मैं नहीं यहाँ 'हम' का प्रयोग करता हूँ। आप और मैं की भाषा मैं नहीं बोलता। नीचे से दबाव आया है कि आज ये देश बाबासाहब आंबेडकर के महान् कामों को नकार नहीं सकेगा। इस सच्चाई को हमें स्वीकार करना होगा और इसलिए उनकी 125वीं जयंती पर संविधान की चर्चा हो, बाबासाहब आंबेडकर की हो। साथ-ही-साथ, संविधान सभा के सभी महापुरुषों के प्रति हम नमन करते हैं, आदर करते हैं। इसी भूमिका से हम आगे बढ़ना चाहते हैं।

एक बात सही है कि हमारे यहाँ परिवारों में भी ये बात बताई जाती है, समाज जीवन में भी बताई जाती है, लोककथाओं में भी कही जाती है कि अच्छी चीजों का बार-बार स्मरण करना चाहिए। उनका स्मरण अच्छी स्थिति में भी करना चाहिए और बुरे हालात में भी करना चाहिए। समाज-जीवन के लिए अनिवार्य होता है। बेटा कितना ही बड़ा क्यों न हो गया हो, लेकिन जब अपने गाँव से शहर जाता है, दस बार जाता होगा तो भी माँ तो जाते-जाते कहेगी, बेटा, चलती गाड़ी में मत चढ़ना, खिड़की के बाहर सिर मत निकालना। बेटा बड़ा हो गया है, दस बार पहले भी गया है। हर बार सुन चुका है, लेकिन माँ का मन करता है कि बेटे को जरा याद करा दूँ कि बेटा इतना जरूर सँभालना। यह हमारी पंरपरा रही है। इसके लिए तो डॉक्टर कर्ण सिंहजी बहुत ढेर सारे संस्कृत के श्लोक लाकर हमारे सामने रख देंगे। हमारे यहाँ कहा जाता था—

करत-करत अभ्यास के जड़मति होत सुजान।
रसरी आवत जात ते सिल पर पड़त निसान॥ [1]

---

1. कवि वृंदावन दास अथवा कवि वृंद

आपने देखा होगा कि कुएँ में से पानी निकालने के लिए रस्सी से बाँध करके काम चलाते हैं। रस्सी में इतनी ताकत तो नहीं होती है कि वो पत्थर के खिलाफ लड़ाई लड़ सके, लेकिन निरंतर अभ्यास का परिणाम होता है कि उस पत्थर की चकरी पर भी रस्सी के निशान बन जाते हैं, जिस पर रस्सी रखी जाती है। इसलिए हमारे संविधान पर एक जश्न होना चाहिए, संविधान पर एक उत्सव होना चाहिए। संविधान की हर भावना के प्रति हमारा आदर-सत्कार पीढ़ियों तक चलते रहना चाहिए। संस्कार और विरासतों के प्रति हमारा दायित्व भी होता है। सिर्फ तू-तू, मैं-मैं करने से देश नहीं चलता है। देश साथ-साथ मिलकर चलने से आगे बढ़ता है। इसलिए संविधान एक ऐसी शक्ति है, जो हमें तू और मैं की भाषा से बाहर निकाल सकती है। संविधान एक भावना है, जो हमें जोड़ने की ताकत देती है। और सर्वोच्च सदन भी ऐसा है कि जो पक्ष और विपक्ष से ऊपर निष्पक्ष का भी एक संदेश हिंदुस्तान भर में जाने की ताकत रखता है।

हमें मूल्यों का सम्मान करना होता है, यत्न करना होता है। हमारे संविधान की ऊँचाई और दुनिया के सबसे बड़े लोकतंत्र के लिए जब संविधान सभा चलती थी, उस समय के अखबार तब के हालात बताते हैं। हम उन अखबारों में देख सकते हैं कि बहुत आशंकाएँ थीं कि ये गाड़ी चलेगी क्या? ये लोग कर पाएँगे क्या? इस तरह की आशंकाओं को थोड़ा बल देने में अंग्रेजों की भी रुचि थी। इसलिए कुछ लोगों को भरोसा नहीं था। फिर भी हमने अनेक बाधाओं के बीच भी इतने साल जो बिताए हैं, उससे लगता है कि हमारे उन महापुरुषों ने कितना उत्तम एक मार्गदर्शन पूर्ण संविधान दिया है। यह संविधान हमें निरंतर ताकत देता रहा है। इसलिए हम उसका गौरवगान करते हैं।

अमेरिका के प्रसिद्ध लेखक ग्रैनविल ऑस्टिन ने भारत के संविधान के संबंध में कहा था, "Perhaps the greatest political venture since that which originated at Philadelphia in 1787." मतलब कि 1787 में फिलाडेल्फिया में जिस पॉलिटिकल वेंचर की उत्पत्ति हुई, भारत का संविधान संभवत: उसके बाद का महान् पॉलिटिकल वेंचर है। ये बात उसी समय कही गई थी। अब कभी-कभी हमारा मुख्य काम है—कानून बनाना। इसी के लिए

लोगों ने हमें भेजा है और हम लोग अनुभवी हैं, जानकार हैं। फिर भी हम देखते हैं कि हमारे बीच कितनी बड़ी कमी है। हमें इस पर आत्मावलोकन करना पड़ेगा। संविधान सभा के लोगों की दूरदृष्टि और सामर्थ्य को याद कर हमें अहसास होगा कि हमें अभी कितना ऊपर उठने की जरूरत है।

संविधान सभा में बैठे हुए लोगों ने 50 साल, 60 साल, 70 साल के बाद कभी ऐसी परिस्थिति पैदा हो तो क्या हो, उसके सेफगार्ड की चिंता की है। हम आज कानून बनाते हैं, और हमें दूसरे ही सत्र में आना पड़ता है कि पिछली बार ये दो शब्द रह गए। फिर से एक बार संशोधन करना पड़ेगा। इसमें उनका दोष अथवा इनका दोष, ये मुद्दा नहीं है। कुल मिला करके स्थिति यह है कि कानून बनाते समय हमारी कितनी मर्यादाएँ हैं! मर्यादाओं का मूल कारण यह नहीं है कि ईश्वर ने हमें विद्या नहीं दी है। उसका मूल कारण है कि हम लगातार संविधान के प्रकाश में चीजों को नहीं सोचते हैं। कभी राजनीतिक स्थितियाँ हम पर हावी हो जाती हैं, कभी-कभार तत्कालीन लाभ लेने के इरादे हावी हो जाते हैं। उसी के कारण हम समस्याओं का राजनीतीकरण करके चलते हैं। तब हम मूल व्यवस्थाओं को नहीं कर पाते, जो शताब्दियों तक काम आएँ। इसलिए संविधान सभा में बैठे हुए लोगों की ऊँचाई हम सोचें, हम उनसे प्रेरणा लें। क्या उन पर दबाव नहीं आए होंगे? क्या आग्रह नहीं हुए होंगे? बिल्कुल विपरीत विचार नहीं रखे गए होंगे? सबकुछ हुआ होगा। लेकिन सहमति से एक डॉक्यूमेंट बना, जो आज भी हमें प्रेरणा देता रहता है। इसलिए हम जो भी धारा बनाते हैं, हम लोगों का दायित्व बनता है कि हम इसे सहमति से करें। उसमें भी मैं राज्यसभा को विशेष महत्त्व देता हूँ, क्योंकि हमारे यहाँ शास्त्रों में कहा गया है—

न सा सभा यत्र न सन्ति वृद्धा
वृद्धा न ते ये न वदन्ति धर्मम्।
धर्मं स नो यत्र न सत्यमस्ति
सत्यं न तद्यच्छलनभ्युपैति॥[2]

संविधान सभा में ऐसी कोई चर्चा नहीं हो सकती थी, जिसमें वृद्ध

---

2. महाभारत, उद्योग पर्व, 35.49 (संसद भवन के भित्ति लेख में भी)

जन न हों, वृद्ध जन में धर्म न हो, फिर धर्म में सत्य न हो। मैं समझता हूँ राज्यसभा का भी अपना एक महत्त्व है। उसकी एक विशेष भूमिका है। संविधान सभा की बहस में गोपालस्वामी आयंगर ने जो बात कही थी, वो मैं यहाँ उद्धृत करना चाहता हूँ—"दुनियाभर में जहाँ कहीं भी कोई भी महत्त्वपूर्ण संघीय व्यवस्था है, वहाँ दूसरे सदन की व्यावहारिक आवश्यकता महसूस हुई है। कुल मिला करके हम इस पर यह जानने के लिए विचार कर रहे हैं कि हर कोई उपयोगी कार्यकर्ता है या नहीं? दूसरे सदन से हमारी अपेक्षा संभवत: केवल इतनी है कि महत्त्वपूर्ण विषयों पर गरिमापूर्ण बहस कराए और संभवत: क्षणिक भावावेश के परिणामस्वरूप सामने आने वाले उस कानून को तब तक लंबित रखना, जब तक वह भावावेश शांत न हो जाए और विधायिका के समक्ष आने वाले उपायों पर शांतिपूर्वक विचार न कर लिया जाए। संविधान में यह प्रावधान करते समय हमें यह ध्यान रखना होगा कि जब कभी किसी महत्त्वपूर्ण विषय पर, विशेषकर वित्त से संबंधित मामले पर लोकसभा तथा राज्यसभा के बीच कोई विवाद हो तो लोकसभा का मत ही मान्य होगा। इसलिए इस दूसरे सदन की मौजूदगी में हमें केवल वह साधन प्राप्त होता है, जिससे हम उस कार्यवाही में विलंब करते हैं, जो संभवत: जल्दबाजी में शुरू की गई हो। ऐसा कर शायद हम उस अनुभवी व्यक्ति को एक अवसर देना चाहते हैं, जो संभवत: गहन राजनीतिक विवाद में न रहता हो, लेकिन जो उस ज्ञान व महत्त्व के साथ उस बहस में हिस्सा लेना चाहता हो। जिसे हम सामान्यत: लोकसभा के साथ नहीं जोड़ते हैं। ये सभी बातें दूसरे सदन के लिए भी संबंधित और प्रस्तावित हैं। मुझे लगता है कि कुल मिलाकर विचार करने के बाद ज्यादातर लोग एक ऐसा सदन बनाने और यह सावधानी रखने के पक्ष में हैं कि वह कानून अथवा प्रशासन के रास्ते में अड़ँगा सिद्ध न हो।" यह गोपालस्वामी आयंगर ने संविधान सभा में कहा था। मैं समझता हूँ, हम इस सदन के लोगों के लिए इससे बड़ा कोई मार्गदर्शक सिद्धांत नहीं हो सकता।

पंडित नेहरू ने भी अपने विचार रखते हुए एक बड़ी महत्त्वपूर्ण बात कही थी। उन्होंने कहा था, हमारे संविधान का सफल क्रियान्वयन किसी भी

लोकतांत्रिक संरचना की भाँति दोनों सदनों के बीच आपसी सहयोग पर निर्भर करता है। इसलिए हमारे लिए आवश्यक बन जाता है कि हम किस प्रकार से मिल-जुलकर इस बात को आगे चलाएँ। जैसा मैंने पहले ही कहा था कि वह कोई सभा नहीं है, जिसमें अनुभवी लोग शामिल न हों। वह वरिष्ठ नहीं है, जो धर्म की बात न करता हो और वह धर्म नहीं है, जिसमें सत्य न कहा जाए। फिर वह सत्य नहीं होता है, जिसमें कोई छल-कपट और धोखाधड़ी हो। मैं समझता हूँ कि हमारे लिए यह अत्यंत आवश्यक है।

उसी प्रकार से अब देश हमारी तरफ देखता है। यह ठीक है कि कालक्रम में हम लोगों की हालत क्या है, हमारी बिरादरी की क्या हालत है, उसको हम भली-भाँति जानते हैं। लेकिन यह सही है कि अभी भी हमारे लिए कुछ जिम्मेदारियाँ हैं और उन जिम्मेदारियों को निभाना एक सदस्य के रूप में भी, हमारे संविधान में हमें काफी कुछ कहा गया है, लेकिन हमारे शास्त्रों ने जो कहा है, वो भी हमारे लिए उतना ही महत्त्वपूर्ण है।

यद्यदाचरति श्रेष्ठस्तत्तदेवेतरो जन:
स यत्प्रमाणं कुरुते लोकस्तदनुवर्तते।[3]

श्रेष्ठ लोग जैसा आचरण करते हैं, अन्य सभी उसका अनुपालन करते हैं। वो जो भी मापदंड स्थित करते हैं, लोग उन्हीं मानकों का अनुसरण करते हैं।

आंबेडकरजी ने 1946 में एडमंड बर्क[4] को उद्धृत करते हुए कहा था, "It is easy to give power, it is difficult to give wisdom." और मैं पूरा अनुवाद पढ़ देता हूँ। "शक्ति हाथ में लेना जितना आसान है, बुद्धि, विवेक धरोहर में पाना उतना ही कठिन है। आइए, हम अपने आचरण से प्रमाणित करें कि यदि इस सभा ने अपने आपको कुछ सार्वभौमिक शक्तियाँ दी हैं तो उन शक्तियों का उचित प्रयोग भी बुद्धि, विवेक से ही होगा। हम केवल इसी मार्ग से सभी को साथ लेकर आगे बढ़ सकेंगे। एकता की दिशा पर चलने के लिए यही एकमात्र रास्ता है।"

हमारे संविधान निर्माताओं ने इतना सारा सोचा, लेकिन एक बात उनको

---

3. श्रीमद्भगवद गीता, कर्मयोग, 3.21
4. स्पेनिस-आयरिस राजनेता, अर्थशास्त्री और दार्शनिक

सोचने की जरूरत नहीं लगी और ऐसा क्या हुआ कि हमें उस रास्ते पर चलना पड़ा। दोष उनका नहीं था। उनका हम पर भरोसा था और इसलिए उन्होंने इस दिशा में नहीं सोचा। तब जाकर के इसी सदन को चाहे ऊपरी

सदन हो, चाहे लोकसभा हो, हम लोगों को एथिक्स कमेटी का निर्माण करना पड़ा। संविधान सभा के सदस्यों को यह जरूरी नहीं लगा होगा कि कभी एथिक्स कमेटी का निर्माण करना पड़े। मैं किसी की आलोचना नहीं कर रहा हूँ। मैं समझता हूँ कि हम राजनीति में जो लोग हैं, हम एक जिम्मेवारी का संदेश भी देते हैं। जब हमारे यहाँ कुछ सदस्यों के द्वारा छोटी-मोटी हरकतें हुईं तो यह सदन की हिम्मत है कि उन्होंने सदन की मर्यादा की तरफ सोचा। मैं आग्रह करूँगा, यह आवश्यक है कि हमारे सभी सदस्यों को बार-बार एथिक्स कमेटी के जो उसूल हैं, जो निर्माण हुआ है, बार-बार उनको कहते रहना पड़ेगा, उनको बताते रहना पड़ेगा, क्योंकि हम सब कोई गलती न कर बैठें। यह तो हमारा दायित्व बनता है।

14 अगस्त, 1947 को डॉ. राधाकृष्णनजी ने जो कहा, वह भी हम लोगों की जिम्मेवारी है। डॉ. राधाकृष्णनजी ने कहा, "अगली सुबह से आज रात के बाद हम ब्रिटिशर्स को दोष नहीं दे सकते, हम जो कुछ भी करेंगे, उसके लिए हम स्वयं जिम्मेदार होंगे। स्वतंत्र भारत को उस तरीके से आँका जाएगा, जिस तरीके से भोजन, कपड़े, घर और सामाजिक सेवाओं से जुड़े मुद्दों पर आम आदमी के हितों की पूर्ति की जाएगी। जब तक हम ऊँचे पदों पर मौजूदा भ्रष्टाचार को खत्म नहीं करेंगे, भाई-भतीजावाद, सत्ता की चाह, मुनाफाखोरी और कालाबाजारी को जड़ से नहीं उखाड़ेंगे, जिसने हार के समय में इस महान् देश की छवि को खराब किया है, तब तक हम प्रशासन, उत्पादन और जीवन से जुड़ी वस्तुओं के वितरण में कार्यकुशलता नहीं बढ़ा पाएँगे।" ये 1947 के 14 अगस्त को ही डॉ. राधाकृष्णनजी देख रहे थे कि कैसे-कैसे संकटों से हमें गुजरना है। इसलिए इन महापुरुषों का स्मरण करना हमारे लिए आवश्यक होता है कि क्या हुआ कि ये बातें छूट गईं। दोबारा हम पुनः स्मरण करें, फिर संकल्प करें, फिर चल पड़ें, अभी भी देर नहीं हुई है। सवा सौ करोड़ का देश, 80 करोड़ की आबादी 35 से कम आयु की हो, उस देश को निराश होने का कोई कारण नहीं है। हमारे पास ऐसे महान् पुरुषों की विरासत भी है और हमारे पास नौजवानों के सामर्थ्य के अवसर भी हैं। उन दोनों को मिलाकर के हम कैसे करें, उसकी ओर हमें आगे देखना है।

कभी-कभार हम डॉ. बाबासाहब आंबेडकर को जब याद करते हैं तो मैं यह कहना चाहता हूँ कि हमारा संविधान एक कानूनी मार्गदर्शन की व्यवस्था तक ही सीमित नहीं है। वो एक सामाजिक दस्तावेज भी है। उसकी कानूनी सामर्थ्य की हम जितनी सराहना करते हैं, उतनी ही उसके सामाजिक दस्तावेज की ताकत की भी सराहना और उसको जी करके दिखाना, ये हम लोगों का दायित्व बनता है।

बाबासाहब ने जो हमें संविधान दिया, उस संविधान में एक कानूनी व्यवस्था तो है, जो समता के सिद्धांत का पालन कराता है, सोशल जस्टिस की वकालत करता है, सामाजिक न्याय की चर्चा करता है। लेकिन अगर हम संविधान के दायरे में अटक जाएँगे तो हो सकता है कि समता तो आ जाएगी, लेकिन अगर समाज अपने आपको बदलने के लिए तैयार नहीं होगा, सैकड़ों वर्षों की बुराइयों से मुक्ति पाने का अगर समाज संकल्प नहीं करता है, जो पाप हमारे पूर्वजों के द्वारा हुए हैं, उन पापों का प्रक्षालन करने के लिए हम और हमारी आने वाली पीढ़ियाँ तैयारी नहीं करती हैं तो बाबासाहब आंबेडकर की सोशल जस्टिस की ताकत, समता की ताकत को पूर्ण करने का दायित्व हम पूरा नहीं कर पाएँगे। एक समाज के नाते यह काम भी हमको उठाना पड़ेगा।

संविधान अगर हमें समता की ताकत देता है तो समाज की संस्कार सरिता हमें ममता की भी ताकत देती है। तो समाज को भी तैयार करना पड़ेगा कि समभाव की तरह ममभाव भी जरूरी है। देश तभी चलेगा जहाँ समता भी हो, ममता भी हो; समभाव भी हो, ममभाव भी हो। इन सवा सौ करोड़ देशवासियों में दलित माता की कोख से पैदा हुआ बेटा भी मेरा भाई है। ईश्वर ने मुझे जितनी शक्ति दी है, परमात्मा ने उसको भी उतनी ही शक्ति दी है। मुझे तो अवसर मिला, लेकिन उसको अवसर नहीं मिला। उसको अवसर मिले, ये हमारा दायित्व बनता है। इसलिए समाज जागरण भी उतना ही अनिवार्य है। 'न हिन्दू पतितो भवेत्', इस संकल्प को लेकर आगे बढ़ने की आवश्यकता है। ये बात सदन से उठनी चाहिए, ये बात सदन से पहुँचनी चाहिए। आज भी समाज में किसी के साथ इस प्रकार का अत्याचार होता है तो ये हमारे लिए

कलंक है। एक समाज के नाते कलंक है, एक देश के नाते कलंक है। इस दर्द को हमें अनुभव करना चाहिए और इस दर्द के प्रति हमें नीचे तक समाज की संवेदना जगाने के लिए प्रयास करते रहना चाहिए।

यह बात सही है कि जब हम सरदार पटेल को याद करते हैं तो यह भारत की एकता के साथ जुड़ा हुआ है। लेकिन सरदार साहब ने देश को एक किया, हम इसी पर अटक जाएँगे तो बात बनेगी नहीं। एकता का मंत्र भारत जैसे देश में केंद्रस्थ होना चाहिए। बिखरने के लिए तो बहुत बहाने मिल सकते हैं, जुड़ने के अवसर खोजना हमारा दायित्व होता है। बिखरने के बहाने तो सवा सौ करोड़ के देश में कहीं किसी कोने से भी मिल सकते हैं। लेकिन बिखरने के बहानों के बीच भी जुड़ने के अवसर खोजें, लोगों को प्रेरित करें और जोड़ने की ताकत दें, ये हम लोगों का दायित्व है। देश की एकता और अखंडता के लिए हमारे पूर्वजों ने भी रास्ता दिखाया है। ये बात हमारी रगों में भरी पड़ी हुई है, इसलिए देश की एकता और अखंडता के मंत्र को हमें निरंतर आगे बढ़ाना पड़ेगा।

मेरे मन में एक कार्यक्रम चल रहा है। मैं आशा करूँगा कि आप में जो सोच लेते हैं, समय है कि वे भी कुछ नए दृष्टिकोण देंगे। ये विचार मेरे कार्यक्रम को और अच्छा बनाने का प्रयास करेंगे। 'एक भारत, श्रेष्ठ भारत', कल्पना मेरे मन में चल रही है। मैं ऐसे ही विचार छोड़ रहा हूँ, अभी तो मैंने कोई डिजाइन बनाई नहीं है। हमारे देश में हम बहुत लड़ चुके। दक्षिण के लोगों को लगता है, हिंदी हम पर थोप रहे हो। मैंने देखा है यहाँ भाषण में कहीं-कहीं आता है। लेकिन एक और भी तरीका है देश को समझने का, जानने का, आगे बढ़ने का। मैंने 31 अक्तूबर को सरदार साहब[5] की जन्म जयंती के दिन इस पर थोड़ा सा उल्लेख किया था। क्या हम राज्यों को प्रेरित कर सकते हैं? मान लीजिए कि छत्तीसगढ़ राज्य है। वो तय करे कि 2016 में हम केरल महोत्सव मनाएँगे और छत्तीसगढ़ राज्य में मलयालम भाषा के अक्षर से बच्चों को परिचित करवाया जाए। 100 वाक्य सहज ढंग से ही स्कूलों में बच्चों को हँसी-हँसी में सिखा दें। कभी मलयालम फिल्म

5. सरदार वल्लभभाई पटेल

फेस्टिवल छत्तीसगढ़ में क्यों न हो, क्यों न वहाँ का खान-पान, वहाँ के लोग, वहाँ के नाट्य यहाँ आएँ, लोग देखें। उसी प्रकार से, कोई और राज्य दूसरे राज्य के साथ अपने आप को जोड़े। हम धीरे-धीरे करके अगर हिंदुस्तान के सभी राज्य हर वर्ष एक राज्य वर्ष मनाना शुरू कर दें और ज्यादा नहीं, वहाँ के पाँच गीत सीखें। अब देखिए, हम सब लोग वैष्णव जन से परिचित हैं। 'वैष्णव जन तो तेने रे कहिए' सब परिचित हैं। हम इसे जब सुनते हैं, गाते हैं तो हमें पराया नहीं लगता है। कभी याद नहीं आता है कि यह किस भाषा में लिखा गया है। वह इतना हमारे साथ जुड़ गया है। क्यों न हम हमारे देश की सभी भाषाओं के चार-पाँच अच्छे गीत हमारे देश की नई पीढ़ी को गाने की आदत डालें। हमें संस्कार बढ़ाने होंगे और मुझे लगता है कि संविधान की जो भावना है, उस भावना का आदर करते हुए हमें इस बात को करना चाहिए।

बाबासाहब आंबेडकरजी के आर्थिक चिंतन की विशेषताएँ रही हैं। वे औद्योगीकरण के पक्ष में थे। बाबासाहब आंबेडकर कहा करते थे कि हिंदुस्तान में औद्योगीकरण होना जरूरी है। वे कहते थे कि दलितों के पास जमीन नहीं है, वे जमीन के मालिक नहीं हैं। औद्योगीकरण इसलिए भी होना चाहिए कि समाज के दलित, पीड़ित, शोषित, वंचितों के लिए रोजगार के अवसर पैदा हों। आज कुछ लोगों को बड़ा आश्चर्य होगा कि बाबासाहब ने समय के साथ क्या कहा था। उस समय जो सोच बाबासाहब की थी, वो हमारे लिए एक दिशा-दर्शक रहेगी। डॉ. बाबासाहब आंबेडकर ने कहा था, "राज्य का दायित्व है कि वह लोगों के आर्थिक जीवन की ऐसी योजना बनाए, जो उच्च उत्पादकता की ओर ले जाए, लेकिन ऐसा करते समय दूसरे अवसर बंद नहीं होने चाहिए। इसके अलावा, वह उद्यम उपलब्ध कराए तथा जो कुछ लाभ हासिल हो, उसका सबको बराबर वितरण करे।"

डॉ. बाबासाहब ने कहा था, "कृषि क्षेत्र में उत्पादकता बढ़ाई जा सकती है, लेकिन इसके लिए पूँजी और मशीनरी में बढ़ोतरी के साथ-साथ कृषि के क्षेत्र में श्रम में कटौती करनी पड़ेगी, ताकि भूमि और श्रम की उत्पादकता बढ़ाई जा सके। अतिरिक्त श्रमिकों को गैर-कृषि उत्पादक क्षेत्रों में लगाने से कृषि क्षेत्र पर पड़ने वाला दबाव एकदम से कम हो जाएगा

और भारत में उपलब्ध भूमि पर अत्यधिक दबाव भी खत्म हो जाएगा। इसके अलावा, जब इन श्रमिकों को कृषि तथा औद्योगिक क्षेत्र में उत्पादक कार्यों में लगाया जाएगा तो वे न केवल अपनी आजीविका कमा लेंगे, बल्कि अधिक उत्पादन करेंगे। अधिक उत्पादन का अर्थ है, अधिक पूँजी। संक्षेप में, हालाँकि यह चाहे जितना विचित्र लगे, परंतु भारत का औद्योगीकरण ही भारत की कृषि समस्याओं का सबसे कारगर उपचार है।" बाबासाहब आंबेडकर ने एक और जगह पर कहा था कि "भारत चिमटी की दो फलकों के बीच फँसा हुआ है, जिसका एक फलक आबादी का बढ़ता हुआ दबाव और दूसरा फलक है, उसकी जरूरतों की तुलना में भूमि की सीमित उपलब्धता। इसका परिणाम यह होता है कि हर दशक के अंत में हमारे सामने आबादी और उत्पादन का नकारात्मक संतुलन पैदा हो जाता है और जीवनस्तर गिर जाता है तथा गरीबी बढ़ जाती है। बढ़ती जनसंख्या के कारण भूमिहीन और बिखरे परिवारों की संख्या भी विशाल होती जा रही है। औद्योगीकरण के पक्ष में एक गंभीर अभियान चलाने के अलावा कृषि को लाभकारी बनाने की संभावनाएँ न के बराबर हैं।" करीब 60 साल पहले ही हम किन समस्याओं को झेलेंगे, हमें कैसी समस्याओं से जूझना पड़ेगा, हमारा आर्थिक चिंतन क्या होना चाहिए, उसी समय बाबासाहब आंबेडकर ने हमारे सामने रखा था।

यह बात सही है कि हममें से किसी की देशभक्ति पर, सवा सौ करोड़ देशवासियों की भक्ति पर न कोई शक कर सकता है, न शक करने का कोई कारण हो सकता है। हम सब भारत के संविधान से बँधे हुए लोग हैं। भारत के महान् संस्कार और परंपराओं से बँधे हुए लोग हैं। दुनिया हमें किस तरह देखती थी और भारत का किस प्रकार से गौरवगान करती थी, यह सभी जानते हैं। जब उन महापुरुषों ने संविधान का निर्माण किया, वह कैसा माहौल रहा होगा, वह भी बहुत महत्त्वपूर्ण है।

अंत में मैं मैक्समूलर[6] को आज कोट करना चाहता हूँ। मैक्समूलर कहते हैं, "अगर मैं ऐसा देश ढूँढ़ने के लिए पूरी दुनिया को देखूँ, जहाँ प्रकृति ने धन, शक्ति और सौंदर्य की सबसे ज्यादा छटा बिखेरी हो, जो पृथ्वी पर

---

6. ईस्ट इंडिया कंपनी का जर्मन अधिकारी, भारत और यहां की प्राच्य विद्या का भी गहन अध्येता

असल में स्वर्ग है तो मैं भारत की ओर इशारा करूँगा। अगर मुझसे पूछा जाए कि किस आसमान के नीचे मानव मस्तिष्क ने अपने पसंदीदा उपहारों में से कुछ को सबसे ज्यादा पूरी तरह विकसित किया है, जीवन की बड़ी-से-बड़ी समस्याओं पर गहराई से विचार किया है, और उनमें से कुछ का समाधान भी निकाला है, जो उनका भी ध्यान आकर्षित करेगी, जिन्होंने प्लूटो और कांट को पढ़ा है तो मेरा इशारा भारत की ओर होगा। अगर मैं अपने आप से पूछूँ कि हम किस साहित्य से, यहाँ यूरोप में, वे जिनका पालन-पोषण लगभग पूरी तरह से ग्रीक और रोमंस तथा एक यहूदी जाति, ज्यूस के विचारों पर हुआ है, सही की पहचान कर सकते हैं, जो कि अपने आंतरिक जीवन को और उत्तम, और विस्तृत तथा और अधिक विश्वव्यापी और वास्तव में एक सच्चा इनसान बनने के लिए जरूरी है, केवल इसी जीवन के लिए ही नहीं, अपितु इस रूपांतरित और अविनाशी जीवन के लिए, तो फिर से मेरा इशारा भारत की ओर ही होगा।"

मैक्समूलर के कहे अनुसार इस महान् विरासत के हम धनी हैं। वही विरासत हम सबकी ताकत है। आइए, हम उसका गौरवगान करें और हम संकल्प करें कि संविधान के प्रकाश में हमारे महापुरुषों के त्याग और तपस्या के प्रकाश में जो उत्तम है, उसको लेकर हम चलें। जो कालबाह्य है, उसको तो काल भी स्वीकार नहीं करता है, जो नित्य नूतन होता है, उसी को स्वीकार करता है। उस नित्य नूतन को लेकर महान् राष्ट्र के निर्माण में हम सभी अपना योगदान करेंगे।

संविधान की चर्चा के जो उत्तम बिंदु निकले हैं, उन उत्तम बिंदुओं के प्रकाश में हम कानूनों का निर्माण करें, संसद् में आचरण करें, समाज का नेतृत्व करें, समाज को आगे ले जाने का प्रयास करें। बाबासाहब आंबेडकर और उस महापुरुष के साथ काम करने वाले उन सभी महानुभावों को नमन करता हूँ।

(01 दिसंबर, 2015 को संविधान दिवस पर शुरू राज्यसभा में चर्चा के दौरान)

□

अमेरिकी कांग्रेस को संबोधन

"आधुनिक भारत अपने 70वें वर्ष में है। हमारी सरकार के लिए संविधान ही वास्तविक पवित्र ग्रंथ है। उस पवित्र ग्रंथ में किसी की कैसी भी पृष्ठभूमि रही हो, सभी नागरिकों के लिए समान रूप से विश्वास की आजादी, बोलने और मताधिकार तथा समानता के अधिकार को मौलिक अधिकारों के रूप में प्रतिस्थापित किया गया है। हमारे 80 करोड़ देशवासी, हर पाँच वर्ष पर अपने मताधिकार का प्रयोग कर सकते हैं। हमारे सभी 125 करोड़ नागरिकों को भय से मुक्ति प्राप्त है, जिसका उपयोग वे अपने जीवन के हर क्षण में कर सकते हैं।"

आज अपनी समस्त सड़कों एवं संस्थानों, अपने गाँवों एवं शहरों, सभी संस्थाओं के प्रति समान सम्मान, अपनी सैकड़ों भाषाओं और बोलियों के माधुर्य के लिहाज से भारत एक है, और एक ही देश के रूप में आगे बढ़ रहा है।

लोकतंत्र के इस मंदिर ने विश्वभर में अन्य लोकतंत्रों को प्रोत्साहित किया है एवं सशक्त बनाया है। यह इस महान् देश की भावना को अभिव्यक्त करता है, जो अब्राहम लिंकन के शब्दों में स्वतंत्रता में परिकल्पित हुई थी और इस अवधारणा के प्रति समर्पित हुई थी कि सभी व्यक्ति समान हैं। मुझे यह अवसर देकर आपने दुनिया के सबसे बड़े लोकतंत्र और इसके

125 करोड़ लोगों को सम्मानित किया है। विश्व के सबसे बड़े लोकतंत्र के प्रतिनिधि के रूप में, यह मेरा सौभाग्य है कि अमेरिकी लोकतंत्र के नेताओं को मैं संबोधित कर रहा हूँ।

दो दिन पहले मैंने अपनी यात्रा आरलिंगटन राष्ट्रीय सेमेटरी से शुरू की थी, जहाँ इस महान् भूमि के अनेक वीर जवानों की समाधि है। मैं उनके साहस और आजादी एवं लोकतंत्र के आदर्शों के लिए उनके बलिदान का सम्मान करता हूँ। यह एक निर्णायक दिवस की 72वीं वर्षगाँठ है। उस दिन इस महान् देश के हजारों जवानों ने स्वतंत्रता की लौ को जलाए रखने के लिए उस सुदूर भूमि के तटों पर जंग लड़ी थी, जिसे वे जानते तक नहीं थे। उन्होंने अपने जीवन का बलिदान किया, ताकि दुनिया आजादी की साँस लेती रहे। आजादी की इस भूमि और वीर जवानों के इस देश के पुरुषों और महिलाओं द्वारा मानवता की सेवा के लिए किए गए महान् बलिदान की भारत सराहना करता है। भारत यह जानता है कि इसका क्या मतलब है, क्योंकि हमारे सैनिकों ने भी इन्हीं आदर्शों के लिए सुदूर स्थित युद्धभूमि पर अपने जीवन का बलिदान किया है। यही कारण है कि स्वतंत्रता एवं आजादी के धागों से हमारे दो लोकतंत्र

मजबूत बंधन में बँधे हुए हैं। हमारे इन दोनों राष्ट्रों का इतिहास, संस्कृति एवं आस्थाएँ भले ही अलग-अलग हों, लेकिन लोकतंत्र में हमारी आस्था और हमारे देशवासियों की आजादी इन दोनों राष्ट्रों के लिए एक समान हैं। सभी नागरिक समान हैं, यह अनुपम विचार भले ही अमेरिकी संविधान का केंद्रीय विचार हो, हमारे संस्थापक भी इसी विचार को साझा करते थे और वे भारत के प्रत्येक नागरिक की व्यक्तिगत आजादी चाहते थे।

एक नव स्वतंत्र राष्ट्र के रूप में हमने जब लोकतंत्र में अपनी आस्था व्यक्त की थी तो ऐसे अनेक लोग थे, जिन्होंने भारत को लेकर संशय व्यक्त किया था। निश्चित रूप से हमारी विफलता पर दाँव लगाए गए थे, लेकिन भारत की जनता कतई नहीं डगमगाई। हमारे संस्थापकों ने एक आधुनिक राष्ट्र का सृजन किया, जिसकी अंतरात्मा का सार आजादी, लोकतंत्र और समानता थी। ऐसा करते समय उन्होंने यह सुनिश्चित किया कि हम अपनी युगों पुरानी विविधता का उत्सव निरंतर मनाते रहें।

आधुनिक भारत अपने 70वें वर्ष में है। हमारी सरकार के लिए संविधान ही वास्तविक पवित्र ग्रंथ है। उस पवित्र ग्रंथ में किसी की कैसी भी पृष्ठभूमि रही हो, सभी नागरिकों के लिए समान रूप से विश्वास की आजादी, बोलने और मताधिकार और समानता के अधिकार को मौलिक अधिकारों के रूप में प्रतिस्थापित किया गया है। हमारे 80 करोड़ देशवासी हर पाँच वर्ष पर अपने मताधिकार का प्रयोग कर सकते हैं। हमारे सभी 125 करोड़ नागरिकों को भय से मुक्ति प्राप्त है, जिसका उपयोग वे अपने जीवन के हर क्षण में कर सकते हैं।

हमारी लोकतांत्रिक व्यवस्थाओं के बीच भागीदारी उस प्रकार से दृष्टिगोचर होती रही है, जिसमें हमारे चिंतकों ने एक-दूसरे को प्रभावित किया है और हमारे समाजों की धाराओं को आकार दिया है। नागरिक असहयोग के थोरो के विचार ने हमारे राजनीतिक विचारों को प्रभावित किया है। इसी प्रकार भारत के महान् संत स्वामी विवेकानंद द्वारा मानवता को अंगीकार करने का सर्वाधिक विख्यात आह्वान शिकागो में ही किया गया था। गांधीजी के अहिंसा के सिद्धांत ने मार्टिन लूथर के साहस को प्रेरित किया। आज टाइडल बेसिन में स्थित मार्टिन लूथर किंग स्मारक स्थल गांधीजी की प्रतिमा से केवल तीन

मील की दूरी पर स्थित है। वाशिंगटन में उनके स्मारक स्थलों के बीच की यह निकटता, उन आदर्शों और मूल्यों की प्रगाढ़ता को प्रतिबिंबित करता है, जिनमें उन्हें विश्वास था।

डॉ. आंबेडकर की प्रतिभा की पहचान लगभग एक सदी पहले होने लगी थी, जब उन्होंने कोलंबिया यूनिवर्सिटी में कई वर्ष व्यतीत किए थे। लगभग तीन दशक बाद, उन पर अमेरिकी संविधान का प्रभाव भारतीय संविधान के आलेखन के रूप में प्रतिबिंबित हुआ। हमारी स्वतंत्रता भी उसी आदर्शवाद से प्रज्वलित हुई, जिसने स्वतंत्रता के लिए आपके संघर्ष को प्रोत्साहित किया था। इसमें कोई आश्चर्य की बात नहीं है कि भारत के पूर्व प्रधानमंत्री अटल बिहारी वाजपेयी ने भारत और अमेरिका को 'स्वाभाविक मित्र' करार दिया था। इसमें कोई संदेह नहीं कि आजादी के साझा आदर्शों और समान दर्शन ने ही हमारे रिश्तों को आकार दिया था। राष्ट्रपति ओबामा ने हमारे संबंधों को 21वीं शताब्दी की विशिष्ट साझेदारी करार दिया है।

15 वर्ष पहले भारत के तत्कालीन प्रधानमंत्री अटल बिहारी वाजपेयी यहाँ खड़े हुए थे[1] और उन्होंने अतीत के 'हिचकिचाहट के साये' से बाहर निकलने की अपील की थी। तबसे हमारी मित्रता के पृष्ठ एक उल्लेखनीय कहानी सुनाते हैं। आज हमारे संबंध इतिहास की हिचकिचाहटों से उबर चुके हैं। चुनावों के चक्र और प्रशासनों के परिवर्तनकाल के जरिए हमारे संबंधों की प्रगाढ़ता और बढ़ी ही है।

(08 जून, 2016 को अमेरिकी कांग्रेस के संयुक्त अधिवेशन में)

□

1. 14 सितंबर, 2000

पुस्तकों का लोकार्पण

कर्तव्य और अधिकार का संतुलन कैसे बिठाएँ। उस दिशा में इस प्रकार के प्रयत्नों से रास्ते खोजे जा रहे हैं। हम 26 जनवरी बड़े गर्व के साथ मनाते हैं, लेकिन हम न भूलें कि 26 नवंबर के बिना 26 जनवरी अधूरी है। इसलिए संविधान दिवस के रूप में 26 नवंबर को उसका पुण्य स्मरण करते हुए नई पीढ़ी को उसकी बारीकियों को जानने का प्रयास करते रहना चाहिए। ऑनलाइन कॉम्पिटिशन हो, बालकों के लिए निबंध प्रतियोगिता हो, यही चीजें हैं, जो आखिरकार लोगों को इसके साथ जोड़ती हैं। इन दिनों भ्रष्टाचार, काला धन के खिलाफ देश बहुत बड़ी लड़ाई लड़ रहा है। देश का सामान्य नागरिक इस लड़ाई का सिपाही बना है।"

2015 से 26 नवंबर को 'संविधान दिवस' मनाना प्रारंभ किया। हमारी नई पीढ़ी इस संविधान की प्रक्रिया और उसके उद्‌देश्यों के साथ जुड़ी रहनी चाहिए। ऐसा न हो कि सबकुछ कैसे चलता है, पता ही न हो। ऐसी चीजों का एक निरंतर पुन: स्मरण आवश्यक होता है, जो मूल तत्त्वों का बार-बार स्मरण कराते हैं और तत्कालीन समय के संदर्भ में करते हैं।

जिस विषय का अर्थ आज से 40 साल पहले होता होगा, उसी बात का अर्थ दस साल के बाद अलग रूप में दिखेगा। यह एक तेजी से फैलने वाला फॉरमेट होता है। हालाँकि वह तब होता है, जब इन मूलभूत चीजों के साथ

हर चीज को कसते और तौलते रहेंगे। हमारे स्कूल कॉलेजों के सभी बालकों का संविधान की प्रस्तावना का साल में एक बार सामूहिक रूप से पठन हो और उसकी व्याख्या भी हो। इससे लाभ ये होगा कि संविधान के माहात्म्य का सामान्य जीवन में एक स्थान बनेगा। भारत एक ऐसा देश है, जहाँ हम जब-जब संविधान का स्मरण करते हैं, हमें साथ-साथ डॉ. बाबासाहब आंबेडकर का पुण्य स्मरण हो आता है। यानी बाबासाहब और संविधान, संविधान यानी बाबासाहब। जीवन की सिद्धि किसी भी व्यक्ति के जीवन में असंभव है, जो आज हम बाबासाहब के जीवन में अनुभव कर रहे हैं। बाबासाहब ने नहीं सोचा होगा। उनके कालखंड में शायद किसी ने भी इतनी पहचान नहीं की होगी, लेकिन जैसे समय बीतता गया, हम सबको लगता गया कि उन्होंने हम लोगों के लिए कितना महान् काम किया।

समय ऐसा बदला है कि हर कोई संविधान में अपने अधिकार ढूँढ़ता रहता है। बड़े चतुर लोग संविधान को ही आधार बनाकर कभी-कभी अधिकारों के दुरुपयोग की सारी सीमाएँ लाँघ देते हैं। इससे एक अराजकता पैदा होती है। बाबासाहब आंबेडकर अराजकता की चेतावनी देते थे। हमारा संविधान ही

नागरिक, शासन व्यवस्था, सरकार के भिन्न-भिन्न अंगों के बीच तालमेल बिठाने का सबसे बड़ा स्रोत है। संविधान में लुब्रिकेशन की ताकत, रक्षा करने की ताकत है। इस लिए इस संविधान की आत्मा के साथ हमारा जुड़ना बहुत जरूरी है। सिर्फ धाराओं के साथ जुड़ने से बात नहीं बनती। आज जो पुस्तक निकली है, वो शायद संविधान की आत्मा के लिए, उस एक पन्ने को खोलने के लिए हमारे काम आ सकती है। मैं इसका स्वागत करता हूँ।

ये सही है कि कर्तव्य भावना की उत्कृष्ट अभिव्यक्ति के बाद देश आजाद हुआ। देश का हर नागरिक आजादी के आंदोलन को अपना कर्तव्य मानता था। देश आजाद होने तक कर्तव्य का भाव इतनी ऊँचाइयों पर पहुँचा था, जो बेमिसाल था। शताब्दी से भी अधिक समय से लोग वो भाव जीते थे। आजादी के तुरंत बाद हम उस ऊँचाई से ऐसे नीचे आए कि कर्तव्य का सारा भाव अधिकार में परिवर्तित हो गया और कर्तव्यों का लोप होता चला गया।

देश के सामने चुनौती है कि हम संविधान के माध्यम से कर्तव्य और अधिकार का संतुलन कैसे बिठाएँ। उस दिशा में इस प्रकार के प्रयत्नों से रास्ते खोजे जा रहे हैं। हम 26 जनवरी बड़े गर्व के साथ मनाते हैं, लेकिन हम न भूलें कि 26 नवंबर के बिना 26 जनवरी अधूरी है। 26 जनवरी की ताकत 26 नवंबर में है। इसलिए संविधान दिवस के रूप में 26 नवंबर को उसका पुण्य स्मरण करते हुए नई पीढ़ी को उसकी बारीकियों को जानने का प्रयास करते रहना चाहिए। ऑनलाइन कॉम्पिटिशन हो, बालकों के लिए निबंध प्रतियोगिता हो, यही चीजें हैं, जो आखिरकार लोगों को इसके साथ जोड़ती हैं। इन दिनों भ्रष्टाचार, काला धन के खिलाफ देश बहुत बड़ी लड़ाई लड़ रहा है। देश का सामान्य नागरिक इस लड़ाई का सिपाही बना है। उसको लगता है कि 70 साल तक इन्हीं कानूनी नियमों का दुरुपयोग करने वालों ने देश को भ्रष्टाचार में डुबो दिया है।

मैं समझता हूँ कि मुद्दा ये नहीं है कि भ्रष्टाचार की लड़ाई के लिए सरकार ने पूरी तैयारी नहीं की। ऐसे लोगों की पीड़ा इस बात की है कि सरकार ने किसी को तैयारी करने का समय नहीं दिया। दु:ख इस बात का है कि अगर उनको 72 घंटे भी तैयारी के मिल जाते, कहते कि वाह-वाह मोदी जैसा कोई

नहीं, कितना अहम कदम उठाया है। फिर भी इतना बड़ा देश है, निर्णय बहुत बड़ा है। देश का उज्ज्वल भविष्य देखने वालों से इतनी अपेक्षा है कि आइए, हम सब मिलकर सामान्य मनुष्यों की कठिनाइयों को दूर करें। इस महायज्ञ में सफल होकर विश्व के सामने भारत को हम एक ताकतवर देश के रूप में उभारें। सारी दुनिया में जब सर्वे होता है, भारत का नाम भ्रष्टाचार की पंक्ति में बहुत अग्रिम पंक्ति में नजर आता है। तब भारत को नीचा देखना पड़ता है। हमें गर्व से माथा ऊँचा करना है। इसके लिए फैसले लेने होते हैं और उन फैसलों के अनुपालन से सिद्धियाँ प्राप्त करनी होती हैं। सभी को अपने पैसे उपयोग करने का हक है, लेकिन जरूरी नहीं कि हर बार नोट हाथ में हो, तभी उपयोग हो। आप मोबाइल से भी अपने सारे रुपए जहाँ खर्च करने हों, कर सकते हैं। आपकी पाई-पाई पर आपका हक है।

मैं खासकर समाज का नेतृत्व करने वाले हर शख्स और मीडिया से आग्रह करता हूँ। जिस देश के पास 65 प्रतिशत 35 वर्ष से कम उम्र के नौजवान हों, जिस देश में 100 करोड़ से ज्यादा मोबाइल फोन हों, जिस देश में अब टेक्नोलॉजी ऐसी है कि मोबाइल फोन से भी कारोबार की सुविधा उपलब्ध हो, सभी बैंक की अपनी ऐप हो तो हम क्यों न लोगों को प्रेरित और प्रशिक्षित करें। यह कोई कठिन काम नहीं है। हम व्हाट्सऐप सीखने किसी इंजीनियरिंग कॉलेज या आइ.टी. कॉलेज में नहीं गए थे। अनपढ़ आदमी को भी मालूम है कि व्हाट्सऐप कैसे देखना और फॉरवर्ड करना है। जितनी सरलता से व्हाट्सऐप फॉरवर्ड होता है, उतनी ही सरलता से हम शॉपिंग भी कर सकते हैं। देश के उज्ज्वल भविष्य के लिए मोबाइल फोन से भी ट्रांसपेरेंसी लाने की आवश्यकता है। देश के 500 शहर, चाहें तो एक हफ्ते में इस काम को कर सकते हैं। आपको यह जानकर हैरानी होगी कि 08 नवंबर के इस निर्णय का सबसे ज्यादा फायदा किसने उठाया। कोई 40-50 नगरपालिका, महानगरपालिकाओं के बारे में मुझे बताया गया। वहाँ पहले तीन-साढ़े तीन हजार करोड़ रुपए टैक्स में आते थे। 08 नवंबर के बाद 13 हजार करोड़ रुपए उनके खजाने में जमा हो गए। ये पैसा किसके काम आएगा ? उस गाँव की गरीब बस्ती में कहीं रास्ते बनेंगे, कहीं बिजली लगेगी, कहीं पानी के नल

लगेंगे। समाज क्रांति की दिशा में काम कर रहा है। इसलिए राजनीति के ऊपर भी समाज है, जिसके बहुत काम करने होते हैं, संविधान हमें वो प्रेरणा देता है। संविधान हमें हमारी विरासत को सँभालने की जिम्मेदारी देता है।

बाबासाहब आंबेडकर ने जो महान् काम किए हैं, उनके शब्दों और भावों को पीढ़ी-दर-पीढ़ी समयानुकूल संदर्भ में, आइए उसको जीकर सीखें, जीकर दिखाएँ और देश को हर पल नई ताकत, नई ऊर्जा देते रहें! राज्यों और स्कूल-कॉलेजों में पहल करने से यह धीरे-धीरे एक महत्त्वपूर्ण अवसर बनेगा।

(25 नवंबर, 2016 को संविधान दिवस पर लोकसभा सचिवालय में दो पुस्तकों—
1. संविधान का अद्यतन संस्करण और 2. संविधान निर्माण का विमोचन)

□

न्याय के लिए न्यायपालिका

"हिंदुस्तान की आजादी के आंदोलन को अगर किसी ने बल दिया तो भारत के सामान्य मानव को अंग्रेज शासन के सामने अभय का सुरक्षा कवच भारत के न्याय-जगत् से जुड़े हुए वकीलों ने दिया। वे अंग्रेज सल्तनत के खिलाफ लड़ते थे। उनका लड़ने का मौका एक, दो, चार या पाँच लोगों के लिए आता होगा, लेकिन करोड़ों लोगों को लगता था कि हमें निर्भय होकर जीना चाहिए। कोई तो होगा, जो अंग्रेजों के जुल्म से हमारी रक्षा करेगा।"

जब इलाहाबाद हाईकोर्ट के 100 साल हुए थे, तब उस समय[1] के भारत के राष्ट्रपति डॉ. राधाकृष्णनजी यहाँ आए थे। उस वक्त उन्होंने कहा था—कानून एक ऐसी चीज है, जो लगातार बदलती रहती है। कानून लोगों के स्वभाव के अनुकूल होना चाहिए, पारंपरिक मूल्यों के अनुकूल होना चाहिए, साथ ही कानून को आधुनिक प्रवृत्तियों और चुनौतियों का भी ध्यान रखना चाहिए। कानून की समीक्षा के समय इन सब बातों पर ध्यान दिया जाना चाहिए कि हम किस तरह की जिंदगी गुजारना चाहते हैं। कानून का अंतिम लक्ष्य सभी लोगों का कल्याण है, सिर्फ अमीर लोगों का कल्याण नहीं। यही कानून का लक्ष्य है और इसे पूरा किए जाने का प्रयास किया जाना चाहिए।

डॉ. राधाकृष्णनजी ने 50 वर्ष पूर्व इसी धरती से देश के शासकों को यह मार्मिक संदेश दिया था। वह आज भी उतना ही प्रासंगिक है, उतना ही स्तुत्य

---

1. इलाहाबाद हाई कोर्ट का शताब्दी वर्ष 1966

है। गांधीजी ने बताया था, हम कोई भी निर्णय करें कि यह सही है या गलत है, इसकी कसौटी क्या हो। गांधीजी ने खास तौर से कहा था, "आप जब भी कोई निर्णय करें, कोई दुविधा हो तो आप हिंदुस्तान के आखिरी छोर पर बैठे हुए इनसान का स्मरण कीजिए और कल्पना कीजिए कि आपके निर्णय का उसके जीवन पर क्या प्रभाव होगा। अगर प्रभाव सकारात्मक होता है तो बेझिझक आगे बढ़िए। आपका निर्णय सही होगा।"

इस भाव को हम अपने जीवन का हिस्सा कैसे बनाएँ? ऐसे महापुरुषों की कही हुई बात हमारी जिंदगी का मकसद कैसे बन सकती है?

हिंदुस्तान की आजादी के आंदोलन को अगर किसी ने बल दिया तो भारत के सामान्य मानव को अंग्रेज शासन के सामने अभय का सुरक्षा कवच भारत के न्याय-जगत् से जुड़े हुए वकीलों ने दिया। वे अंग्रेज सल्तनत के खिलाफ लड़ते थे। उनका लड़ने का मौका एक, दो, चार या पाँच लोगों के लिए आता होगा, लेकिन करोड़ों लोगों को लगता था कि हमें निर्भय होकर जीना चाहिए। कोई तो होगा, जो अंग्रेजों के जुल्म से हमारी रक्षा करेगा। यही पीढ़ी थी, जिसने आजादी के आंदोलन में सक्रिय भागीदारी की। देश के जितने गण्यमान्य नेताओं के नाम हम याद करते हैं, अधिकतम का बैकग्राउंड यही अदालतें हैं। उन्होंने यहाँ से संघर्ष करते-करते जनसामान्य के कल्याण के

लिए राजनीति का रास्ता पकड़ा। आजादी का आंदोलन चलाया और उसके माध्यम से देश की शासन व्यवस्था में अपनी भागीदारी निश्चित की। हर किसी का सपना था कि देश आजाद हो जाए। अगर हर किसी का ये सपना न होता तो आजादी आनी संभव ही नहीं थी। गांधीजी की विशेषता थी कि उन्होंने हर हिंदुस्तानी के दिल में आजादी का जज्बा जगाया। जो झाड़ू लगाता था, उसे भी लगता था कि मैं आजादी के लिए काम कर रहा हूँ। प्रौढ़ शिक्षा का काम करने वाले और खादी पहनने वाले को भी लगता था कि मैं आजादी के लिए काम कर रहा हूँ। गांधीजी ने देश के कोटि-कोटि जन के दिलों में आजादी का जज्बा जगाया, व्यक्ति की क्षमता के अनुसार उसे ढाल दिया।

(02 अप्रैल, 2017 को इलाहाबाद उच्च न्यायालय की 150वीं वर्षगाँठ के समापन अवसर पर)

□

संविधान का अक्षरशः पालन हमारा कर्तव्य

"हमारा कर्तव्य है कि हम संविधान का अक्षरशः पालन करें। नागरिक हों या प्रशासक, संविधान की भावना के अनुरूप आगे बढ़ें। किसी को किसी भी तरह से क्षति न पहुँचे, यही तो संविधान का संदेश है।"

26 नवंबर हमारा संविधान दिवस है। 1949 में आज ही के दिन संविधान सभा ने भारत के संविधान को स्वीकार किया था। 26 जनवरी, 1950 को संविधान लागू हुआ और इसलिए हम 26 जनवरी को गणतंत्र दिवस के रूप में मनाते हैं। भारत का संविधान हमारे लोकतंत्र की आत्मा है। आज 26 नवंबर का दिन संविधान-सभा के सदस्यों को स्मरण करने का दिन है। उन्होंने भारत का संविधान बनाने के लिए लगभग तीन वर्षों तक परिश्रम किया। जो भी उस डिबेट को पढ़ता है, हम सभी को गर्व होता है कि राष्ट्र को समर्पित जीवन की सोच क्या होती है! क्या आप कल्पना कर सकते हैं कि विविधताओं से भरे अपने देश का संविधान बनाने के लिए उन्होंने कितना कठोर परिश्रम किया होगा। सूझबूझ, दूरदर्शिता के दर्शन कराए होंगे और वो भी उस समय, जब देश गुलामी की जंजीरों से मुक्त हो रहा था। इसी संविधान के प्रकाश में संविधान निर्माताओं, उन महापुरुषों के विचारों के प्रकाश में नया भारत बनाना हम सबका दायित्व है। हमारा संविधान बहुत व्यापक है। शायद जीवन का कोई ऐसा क्षेत्र नहीं है, प्रकृति का कोई ऐसा विषय नहीं है, जो उससे अछूता रह गया हो। सभी के लिए समानता और सभी के प्रति

संवेदनशीलता हमारे संविधान की पहचान है। यह हर नागरिक, गरीब हो या दलित, पिछड़ा हो या वंचित, आदिवासी, महिला सभी के मूलभूत अधिकारों की रक्षा करता है और उनके हितों को सुरक्षित रखता है। हमारा कर्तव्य है कि हम संविधान का अक्षरश: पालन करें। नागरिक हों या प्रशासक, संविधान की भावना के अनुरूप आगे बढ़ें। किसी को किसी भी तरह से क्षति न पहुँचे, यही तो संविधान का संदेश है। आज संविधान दिवस के अवसर पर बाबासाहब आंबेडकर की याद आना तो स्वाभाविक है। इस संविधान सभा में महत्त्वपूर्ण विषयों पर अलग-अलग 17 समितियों का गठन हुआ था। इनमें से सर्वाधिक महत्त्वपूर्ण समितियों में से एक ड्राफ्टिंग कमेटी थी। और बाबासाहब आंबेडकर संविधान की उस ड्राफ्टिंग कमेटी के अध्यक्ष थे। एक बहुत बड़ी और महत्त्वपूर्ण भूमिका का वो निर्वाह कर रहे थे। आज हम भारत के जिस संविधान पर गौरव का अनुभव करते हैं, उसके निर्माण में बाबासाहब आंबेडकर के कुशल नेतृत्व की अमिट छाप है। उन्होंने ये सुनिश्चित किया कि समाज के हर तबके का कल्याण हो। 6 दिसंबर को उनके महापरिनिर्वाण दिवस के अवसर पर हम हमेशा की तरह उन्हें स्मरण और नमन करते हैं। देश को समृद्ध और शक्तिशाली बनाने में बाबासाहब का योगदान अविस्मरणीय है। 15 दिसंबर को सरदार वल्लभभाई पटेल की पुण्यतिथि है। किसान-पुत्र से लौह-पुरुष बने सरदार पटेल ने देश को एक सूत्र में बाँधने का बहुत असाधारण कार्य किया था। सरदार साहब भी संविधान सभा के सदस्य रहे थे। वे मूलभूत अधिकारों, फंडामेंटल राइट्स, अल्पसंख्यकों और आदिवासियों पर बनी एडवाइजरी कमेटी के भी अध्यक्ष थे।

(26 नवंबर, 2017 को 'मन की बात' से)

□

अनुकरणीय और लचीला

"आज संविधान दिवस हमारे लिए एक महत्त्वपूर्ण प्रश्न लेकर आया है। क्या एक परिवार के सदस्य के तौर पर हम उन मर्यादाओं का पालन कर रहे हैं, जिसकी उम्मीद हमारा अभिभावक, हमारा संविधान हमसे करता है? क्या एक ही परिवार के सदस्य के तौर पर हम एक-दूसरे को मजबूत करने के लिए, एक-दूसरे का सहयोग करने के लिए काम कर रहे हैं? ये सवाल सिर्फ जुडिशियरी या सरकार में बैठे लोगों के सामने नहीं, बल्कि देश के हर उस स्तंभ, हर उस पिलर, हर उस संस्था के सामने है, जिस पर आज करोड़ों लोगों की उम्मीदें टिकी हुई हैं। इन संस्थाओं का एक-एक फैसला, एक-एक कदम लोगों के जीवन को प्रभावित करता है। सवाल यह है कि क्या ये संस्थाएँ देश के विकास के लिए, देश की आवश्यकताओं को समझते हुए, देश के समक्ष चुनौतियों को समझते हुए, देश के लोगों की आशाओं-आकांक्षाओं को समझते हुए एक-दूसरे का सहयोग कर रही हैं? एक-दूसरे को सहयोग, एक-दूसरे को मजबूत कर रही हैं?"

भारतीय लोकतंत्र में आज का दिन जितना पावन है, उतना ही महत्त्वपूर्ण भी। हमारी लोकतांत्रिक व्यवस्थाओं की आत्मा अगर किसी को कहा

जा सकता है तो वो हमारा संविधान है। इस आत्मा को, इस लिखित ग्रंथ को 68 वर्ष पहले स्वीकार किया जाना बहुत ऐतिहासिक पल था। इस दिन एक राष्ट्र के तौर पर हमने तय किया था कि अब आगे हमारी दिशा किन निर्देशों पर होगी, किन नियमों के तहत होगी। वो नियम, वो संविधान जिसका एक-एक शब्द हमारे लिए पवित्र है, पूजनीय है।

आज का दिन देश के संविधान निर्माताओं को नमन करने का भी दिन है। स्वतंत्रता के बाद जब करोड़ों लोग नई उम्मीदों के साथ आगे बढ़ने का सपना देख रहे हों, जब विपरीत परिस्थितियों के बावजूद हौसले बुलंद हों तो उस समय देश के सामने एक ऐसा संविधान प्रस्तुत करना, जो सभी को स्वीकार्य हो, बहुत आसान काम नहीं था। जिस देश में एक दर्जन से ज्यादा पंथ हों, सौ से ज्यादा भाषाएँ हों, सत्रह सौ से ज्यादा बोलियाँ हों, गाँव-कस्बों-शहर और जंगलों तक में लोग रहते हों, उनकी अपनी आस्थाएँ हों, उन्हें एक मंच पर लाना, सबकी आस्थाओं का सम्मान करने के बाद ये···

यहाँ हर व्यक्ति इस बात का गवाह है कि समय के साथ हमारे संविधान ने हर परीक्षा को पार किया है। हमारे संविधान ने उन लोगों की हर उस आशंका को गलत साबित किया है, जो कहते थे कि समय के साथ जो चुनौतियाँ देश के सामने आएँगी, उनका समाधान हमारा संविधान नहीं दे पाएगा। ऐसा कोई विषय नहीं, जिसकी व्याख्या, जिस पर दिशा-निर्देश हमें भारतीय संविधान में न मिलते हों। संविधान की इसी शक्ति को समझते हुए संविधान सभा के अंतरिम चेयरमैन श्री सच्चिदानंद सिन्हाजी ने कहा था—

"मानव द्वारा रचित अगर किसी रचना को अमर कहा जा सकता है तो वह भारत का संविधान है।"

हमारा संविधान जितना जीवंत है, उतना ही संवेदनशील भी। हमारा संविधान जितना जवाबदेह है, उतना ही सक्षम भी। खुद बाबासाहब भीमराव आंबेडकर ने संविधान के बारे में कहा था—"ये वर्केबल (अनुकरणीय) है, ये फ्लेक्सेबल (लचीला) है और शांति हो या युद्ध का समय, इसमें देश को एकजुट रखने की ताकत है।" बाबासाहब ने यह भी कहा था—"संविधान को सामने रखकर अगर कुछ गलत होता भी है तो उसमें गलती संविधान की नहीं,

बल्कि संविधान का पालन करवा रही संस्था की होगी।"

इन 68 वर्षों में संविधान ने एक अभिभावक की तरह हमें सही रास्ते पर चलना सिखाया है। एक अभिभावक की तरह हमारे संविधान ने देश को लोकतंत्र के रास्ते पर बनाए रखा है, उसे भटकने से रोका है। इसी अभिभावक के परिवार के सदस्य के तौर पर हम सभी उपस्थित हैं। गवर्नमेंट, जुडिशियरी, ब्यूरोक्रेसी हम सभी इस परिवार के सदस्य ही तो हैं।

आज संविधान दिवस हमारे लिए एक महत्त्वपूर्ण प्रश्न लेकर आया है। क्या एक परिवार के सदस्य के तौर पर हम उन मर्यादाओं का पालन कर रहे हैं, जिसकी उम्मीद हमारा अभिभावक, हमारा संविधान हमसे करता है? क्या एक ही परिवार के सदस्य के तौर पर हम एक-दूसरे को मजबूत करने के लिए, एक-दूसरे का सहयोग करने के लिए काम कर रहे हैं? ये सवाल सिर्फ जुडिशियरी या सरकार में बैठे लोगों के सामने नहीं, बल्कि देश के हर उस स्तंभ, हर उस पिलर, हर उस संस्था के सामने है, जिस पर आज करोड़ों लोगों की उम्मीदें टिकी हुई हैं। इन संस्थाओं का एक-एक फैसला, एक-एक कदम लोगों के जीवन को प्रभावित करता है। सवाल यह है कि क्या ये संस्थाएँ

देश के विकास के लिए, देश की आवश्यकताओं को समझते हुए, देश के समक्ष चुनौतियों को समझते हुए, देश के लोगों की आशाओं-आकांक्षाओं को समझते हुए एक-दूसरे का सहयोग कर रही हैं? एक-दूसरे को सहयोग, एक-दूसरे को मजबूत कर रही हैं?

मुझे बहुत ठीक से तो याद नहीं, लेकिन एक छोटी सी कहानी सुनाना चाहता हूँ। बड़ी चर्चा होती थी स्वर्ग और नरक में अंतर क्या है। कुछ जो बड़े विद्वान् लोग थे, उसको अपने तरीके से समझाते थे। वे कहते थे कि ऐसे जिज्ञासु जन को एक बार कुछ लोगों ने स्वर्ग और नरक दिखाने का कार्यक्रम बना लिया। उन्हें स्वर्ग भी दिखाया, नरक भी दिखाया। स्वर्ग में भी अन्न के भंडार थे, सुख-वैभव था। नरक में भी अन्न के भंडार थे, सुख-वैभव था। स्वर्ग में जो लोग थे, उनकी हालत बहुत खुशनुमा थी। नरक में जो लोग थे, उनकी हालत बड़ी खस्ता थी। दोनों की स्थिति ऐसी थी कि जो लोग वहाँ थे, उनके हाथों में बड़े-बड़े, लंबे चम्मच बँधे हुए थे, कंधे से लेकर हाथ तक। चम्मच आगे होता था और इससे हाथ मुड़ नहीं सकता था। लेकिन जो लोग नरक में थे, वे ऐसे खाने की कोशिश करते थे कि खाना पीछे जाकर गिरता था। इसलिए वो भूखे मर रहे थे। सबकुछ था, लेकिन बस इसी में लगे थे। स्वर्ग की हालत कुछ और थी। उनको भी वैसे ही बाँस के पट्टे बँधे हुए थे, उनका भी हाथ मुड़ नहीं सकता था। लेकिन उन्होंने तरीका ढूँढ़ा कि वो सामने वाले को खिलाते थे। तो जिन्होंने दूसरों को मजबूत करने का रास्ता अपनाया था, वहाँ स्वर्ग था। जिन्होंने अपने को मजबूत बनाने की कोशिश की थी, वहाँ नरक फैला हुआ था।

75 वर्ष पहले जब 1942 में गांधीजी ने 'भारत छोड़ो आंदोलन' का आह्वान किया था तो देश एक नई ऊर्जा से भर गया था। हर गाँव, हर गली, हर शहर, हर कस्बे में ये ऊर्जा सही तरीके से दिशा देती रही और इसी का परिणाम था कि हमें पाँच वर्ष बाद आजादी मिली, हम स्वतंत्र हुए।

अब आज से पाँच साल बाद हम सब स्वतंत्रता के 75 वर्ष का पर्व मनाएँगे। इन पाँच वर्षों में, हमें एकजुट होकर उस भारत का सपना पूरा करना है, जिस भारत का सपना हमारे स्वतंत्रता सेनानियों ने देखा था। इसके लिए संविधान से ऊर्जा लेने वाली हर संस्था को अपनी ऊर्जा आगे बढ़ानी होगी, उसे

सिर्फ और सिर्फ न्यू इंडिया का सपना पूरा करने में लगाना होगा। ये बात आज इसलिए बहुत महत्त्वपूर्ण है, क्योंकि जनभावनाओं की ऐसी प्रबलता हमारे देश में दशकों के बाद दिखाई दे रही है। भारत आज दुनिया का सबसे नौजवान देश है। इस नौजवान ऊर्जा को दिशा देने के लिए देश की हर संवैधानिक संस्था को मिलकर काम करने की आवश्यकता है। 20वीं सदी में हम एक बार यह अवसर चूके हैं। अब 21वीं सदी में भारत को नई ऊँचाई पर ले जाने के लिए, न्यू इंडिया बनाने के लिए, हम सभी को संकल्प लेना होगा। साथ मिलकर काम करने का, एक-दूसरे को मजबूत करने का संकल्प।

देश के समक्ष मौजूद चुनौतियों से निपटने के लिए एकजुट होने का महत्त्व डॉ. राजेंद्र प्रसाद ने संविधान सभा की एक चर्चा के दौरान विस्तार से समझाया था। उन्होंने कहा था—"हम सभी को ये विश्वास दिलाते हैं कि देश से गरीबी मिटाने के लिए, गंदगी मिटाने के लिए, भूख और बीमारी खत्म करने के लिए, भेदभाव समाप्त करने के लिए, शोषण खत्म करने के लिए और जीने का बेहतर माहौल सुनिश्चित करने के लिए हम हमेशा प्रयासरत रहेंगे। हम एक बहुत बड़े मिशन पर निकल रहे हैं। हमें उम्मीद है कि इस प्रयास में हमें सभी लोगों का सहयोग मिलेगा, सहानुभूति मिलेगी और समाज के हर वर्ग से समर्थन प्राप्त होगा।"

संविधान निर्माण से जुड़े महान् व्यक्तियों के इसी चिंतन की वजह से हमारे संविधान को एक 'सोशल डॉक्यूमेंट' माना जाता है। ये सिर्फ कानून की एक पुस्तक नहीं, बल्कि इसमें एक सामाजिक दर्शन भी है। 14 अगस्त, 1947, यानी स्वतंत्रता से कुछ ही पल पहले कही गई राजेंद्र बाबू की यह बात आज भी उतनी ही उपयुक्त है। हम सभी का ध्येय तो आखिरकार देश के आम नागरिक के जीवन को बेहतर बनाना है; उसे गरीबी-भूख, बीमारी से मुक्त करना है। उसे समान अवसर, इनसाफ और उसके अधिकार देने हैं। ये कार्य हर संस्था में एक संतुलन बनाकर, एक संकल्प तय करके ही पूरे किए जा सकते हैं।

इसी बैठक में डॉ. सर्वपल्ली राधाकृष्णन ने एक और महत्त्वपूर्ण विचार रखा था। उन्होंने कहा था—जब हम ऊँचे पदों पर मौजूद भ्रष्टाचार को खत्म नहीं करेंगे, भाई-भतीजावाद को जड़ से नहीं मिटाएँगे, सत्ता के लालच,

मुनाफाखोरी और कालाबाजारी को नहीं हटाएँगे, तब तक हम न तो प्रशासन में क्षमता बढ़ा पाएँगे और न ही जो चीजें जीवन से जुड़ी हैं, उन्हें आसानी से लोगों तक पहुँचा पाएँगे।"

ये बातें स्वतंत्रता के कुछ पल पहले की थीं। 14 अगस्त, 1947 को एक जिम्मेदारी का भाव था; देश की आंतरिक कमजोरियों का एहसास होने के साथ ही ये एहसास भी था कि उन कमजोरियों को दूर कैसे किया जाना है। दुर्भाग्य से, स्वतंत्रता के इतने वर्षों बाद भी ये आंतरिक कमजोरियाँ दूर नहीं हुई हैं। इसलिए कार्यपालिका, न्यायपालिका और विधायिका, तीनों ही स्तर पर इसे लेकर मंथन किए जाने की जरूरत है कि अब बदले हुए हालात में कैसे आगे बढ़ा जाए। हमें किसी को सही, किसी को गलत नहीं ठहराना है। अपनी-अपनी कमजोरियाँ हम जानते हैं, अपनी-अपनी शक्तियों को भी पहचानते हैं।

यह समय तो भारत के लिए गोल्डन पीरियड की तरह है। देश में आत्मविश्वास का ऐसा माहौल बरसों के बाद बना है। निश्चित तौर पर इसके पीछे सवा सौ करोड़ भारतीयों की इच्छाशक्ति काम कर रही है। इसी सकारात्मक माहौल को आधार बनाकर हमें न्यू इंडिया के रास्ते पर आगे बढ़ते चलना है। सामर्थ्य और संसाधन की हमारे पास कमी नहीं है। बस हमें समय का जरूर ध्यान रखना है। हम यह मानकर चलेंगे कि हमारे पास बहुत समय है, हम यह मानकर चलेंगे कि आने वाली पीढ़ियाँ ही सब करेंगी, सारे रिस्क उठाएँगी तो इतिहास हमें कभी माफ नहीं करेगा। जो करना है, हमें अभी करना है, इसी दौर में करना है। हम ये सोचकर नहीं रुक सकते कि इसके परिणाम आते-आते तो हम नहीं रहेंगे। हम भले न रहें, लेकिन ये देश तो रहेगा। जो व्यवस्था हम देश को देकर जाएँ, वो सुरक्षित, स्वाभिमानी और स्वावलंबी भारत की व्यवस्था होनी चाहिए। एक ऐसी व्यवस्था, जो लोगों की जिंदगी को आसान बनाने वाली हो, 'ईज ऑफ लिविंग'[1] बढ़ाने वाली हो।

मेरा हमेशा से मानना रहा है कि सरकार की भूमिका रेगुलेटर से ज्यादा सुविधा देने वाले की होनी चाहिए। आज आप भी ये महसूस करते

---

1. सुखी जीवन

होंगे कि अब पासपोर्ट आपको कितनी जल्दी मिल जाता है। ज्यादा-से-ज्यादा दो दिन, नहीं तो तीन दिन। यही पासपोर्ट आपको पहले एक महीने-दो महीने, तीन महीने में मिलता था। पिछली दो बार से आपको टैक्स रिफंड के लिए भी महीनों इंतजार नहीं करना पड़ता है। आप देख रहे होंगे कि सिस्टम में एक तेजी आ रही है, गति आ रही है। और यह गति सिर्फ आप लोग ही नहीं, देश के मध्यम वर्ग, गरीब, सभी की जिंदगी को आसान बना रही है।

अब सोचिए, ग्रुप सी और डी की नौकरी में इंटरव्यू खत्म होने से युवाओं का कितना समय बचा है, कितना पैसा बचा है। दस्तावेजों को जो पहले गजटेड ऑफिसर से अटेस्ट कराना जरूरी था, वो भी अब उन्हें नहीं कराना पड़ता। इससे भी उन्हें बेवजह इधर-उधर भागना नहीं पड़ता। चार लोगों को फोन नहीं करना पड़ता कि किसी गजटेड ऑफिसर को जानते हो क्या? किसी सांसद-विधायक को जानते हो क्या?

आप जानकर हैरान रह जाएँगे कि हमारे देश में 27 हजार करोड़ रुपए ऐसे थे, जिन पर किसी का क्लेम नहीं था। ये पैसे श्रमिकों ने, कर्मचारियों ने अपने पी.एफ. अकाउंट में जमा कराए थे और बाद में जगह बदलने की वजह से उन्होंने अपने पैसे क्लेम नहीं किए थे। एक बार शहर छूट गया तो अब कौन वापस जाए, कहाँ भागे-दौड़े। ये हमारे श्रमिक और मध्यम वर्ग की बहुत बड़ी समस्या थी, जिसे इस सरकार ने यूनिवर्सल एकाउंट नंबर बनाकर हल किया। अब कर्मचारी कहीं भी नौकरी करे, उसके पास यू.ए.एन. होता है। यू.ए.एन. नंबर से वो अपने पी.एफ. का पैसा कहीं से भी निकाल सकता है।

बृहदारण्यक उपनिषद् में कहा गया है—

तदेतत्-क्षत्रस्य क्षत्रं यद्धर्मः तस्माद्धर्मात्परं नास्ति
अथो अबलीयान् बलीयांसमाशंसते धर्मेण
यथा राज्ञैवम्।

यानी कानून सम्राटों का सम्राट् है। कानून से ऊपर कुछ नहीं। कानून में ही राजा की शक्ति निहित है और कानून ही गरीबों को, कमजोरों को ताकतवर

से लड़ने का हौसला देता है, उन्हें सक्षम बनाता है। इसी मंत्र पर चलते हुए हमारी सरकार ने भी नए कानून बनाकर और पुराने कानून खत्म करके 'ईज ऑफ लिविंग' को बढ़ाने का काम किया है। पिछले तीन–साढ़े तीन साल में लगभग 1200 पुराने कानून खत्म किए जा चुके हैं।

जैसे सरदार पटेल ने देश का एकीकरण किया था, वैसे ही देश को एकता के सूत्र में पिरोने वाला काम जी.एस.टी.[2] के माध्यम से हुआ है। दशकों बाद 'वन नेशन–वन टैक्स' का सपना साकार हुआ है।

इसी तरह चाहे दिव्यांगों के लिए कानून में बदलाव का फैसला हो, एस.सी./एस.टी. कानून को और सख्त करने का फैसला हो, या फिर बिल्डरों की मनमानी रोकने के लिए रेरा[3], ये सभी निर्णय इसलिए लिये गए, ताकि आम नागरिक को अपने रोजमर्रा की जिंदगी में होने वाली दिक्कत कम हो।

यहाँ मौजूद हर व्यक्ति को पता है कि सुप्रीम कोर्ट के आदेश के बावजूद कालेधन के खिलाफ जो एस.आई.टी. तीन साल तक टलती रही थी, उसका गठन इस सरकार ने शपथ लेने के तीन दिन के भीतर कर दिया था। ये फैसला भी जितना कालेधन और भ्रष्टाचार के खिलाफ था, उतना ही आम नागरिक से जुड़ा हुआ था। देश में होने वाला हर भ्रष्टाचार, काले धन का हर लेन–देन, कहीं–न–कहीं किसी गरीब का अधिकार छीनता है, उसकी जिंदगी में परेशानी खड़ी करता है।

हमने छोटे–बड़े बहुत से फैसले लिये, लेकिन जनता की समस्याओं को समझते हुए लिये। हमारे फैसले सटीक ही नहीं, बल्कि संवेदनशील भी रहे। ईज ऑफ लिविंग पर ध्यान देने का सीधा असर ये हुआ कि देश की ईज ऑफ डूइंग बिजनेस[4] की रैंकिंग में भी अभूतपूर्व सुधार हो गया है। 2014 के पहले जहाँ हम ईज ऑफ डूइंग बिजनेस की रैंकिंग में 142वें नंबर पर थे, अब 100वें नंबर पर पहुँच चुके हैं।

मुझे खुशी है कि हमारे जुडिशियल सिस्टम में भी इस दिशा में बहुत से कदम उठाए जा रहे हैं। मुझे बताया गया है कि इस वर्ष राष्ट्रीय स्तर पर हुई

2. गुड्स एंड सर्विसेज टैक्स
3. रियल एस्टेट रेगुलटरी अथॉरिटी
4. विश्व बैंक का मानक, जिससे किसी देश में कारोबार की सुगमता का पता चलता है

लोक अदालतों में ही 18 लाख प्री लिटिगेशन और 22 लाख पेंडिंग केसों का निपटारा किया गया है। यह आँकड़ा इस बात का भी सबूत है कि ऐसे विवाद, जो आपसी बातचीत या किसी की मध्यस्थता से सुलझ सकते हैं, वो भी बड़ी संख्या में हमारी अदालतों में पहुँच रहे हैं। मुझे मालूम नहीं कि ये मामले कितने वर्षों से अटके हुए थे। लेकिन निश्चित तौर पर इन मामलों के सुलझने से

हमारी अदालतों का बोझ थोड़ा कम हुआ है। इससे लोक अदालतों के प्रति भी हमारे देश में श्रद्धा बढ़ी है। मुझे लगता है कि करोड़ों लंबित मामलों को सुलझाने में ऐसी लोक अदालतों की बहुत बड़ी भूमिका हो सकती है।

मुझे बताया गया है, अभी सितंबर में ही चीफ जस्टिस ने लंबित मामले को लेकर सभी हाईकोर्ट के जजों को चिट्ठी भी लिखी है। अपीलों की सुनवाई में देरी को उन्होंने हमारी न्याय व्यवस्था और विशेषकर हमारे क्रिमिनल जस्टिस सिस्टम की कमजोरी माना है। मुझे ये सुझाव भी बहुत अच्छा लगा कि कुछ मामलों की सुनवाई के लिए शनिवार को विशेष बेंच भी बैठ सकती है। लंबित मामलों को कम करने के लिए तमिलनाडु और गुजरात जैसे राज्यों में इवनिंग कोर्ट का भी प्रयोग किया जा रहा है। इस तरह के प्रयोग बाकी राज्यों में भी किए जा सकते हैं।

जुडिशियल सिस्टम में तकनीक का बढ़ता इस्तेमाल भी लोगों की जिंदगी को आसान बनाने, ईज ऑफ लिविंग को आसान बनाने में मददगार साबित होगा। ई-कोर्ट का जितना विस्तार होगा, नेशनल जुडिशियल डाटा ग्रिड का जितना विस्तार होगा, उतना ही लोगों को अदालतों में होने वाली परेशानी कम होगी। जब वीडियो कॉन्फ्रेंसिंग के माध्यम से देश की अदालतें जेल से जुड़ जाएँगी तो कोर्ट और जेल प्रशासन दोनों की सहूलियत बढ़ेगी।

मुझे जानकारी दी गई है कि पिछले दो वर्ष में लगभग 500 अदालतें वीडियो कॉन्फ्रेंसिंग के जरिए जेलों से जोड़ी गई हैं। 'मुझे टेली लॉ स्कीम' के बारे में भी बताया गया है, जिसकी मदद से देश के दूरदराज में रहने वाले लोगों को, गाँव में रहने वाले गरीबों को कानूनी सलाह दी जा रही है। इस स्कीम का दायरा जितना बढ़ेगा, उतना ही लोगों को फायदा होगा।

एक और अभिनव तरीका मुझे बहुत अच्छा लगा, जस्टिस क्लॉक, यानी 'न्याय-घड़ी' का। यह घड़ी अभी न्याय विभाग में लगाई गई है और इससे ऐसे जिला न्यायालयों की जानकारी मिलती है, जो बहुत अच्छा कार्य कर रही हैं। तैयारी है कि भविष्य में ऐसी न्याय घड़ी देश भर की अदालतों में लगाई जाए। जस्टिस क्लॉक यानी 'न्याय-घड़ी', एक तरह से अदालतों को रैंकिंग देने वाली बात हुई। जैसे स्वच्छता की रैंकिंग शुरू करने के बाद शहरों में एक कॉम्पिटिशन

शुरू हुआ, कॉलेजों में रैंकिंग शुरू करने के बाद इस क्षेत्र में भी कॉम्पिटिशन का भाव आया, वैसे ही अगर जस्टिस क्लॉक का विस्तार करके, कुछ सुधार की आवश्यकता हो तो उसमें सुधार करके अदालतों में भी प्रोफेशनल कॉम्पिटिशन हो सकता है। यह मेरा अनुभव है कि कॉम्पिटिशन का भाव आते ही व्यवस्थाओं में गति आती है, कम समय में ज्यादा सुधार देखने को मिलता है। मैं कानून का जानकार नहीं हूँ, लेकिन मुझे लगता है कि कोर्ट में कॉम्पिटिशन भी 'ईज ऑफ एक्सेस टू जस्टिस' और 'ईज ऑफ लिविंग' को बढ़ाएगा।

माननीय राष्ट्रपतिजी ने भी इस पर चिंता व्यक्त की थी कि गरीब न्याय के लिए कोर्ट तक आने में घबराता है। हमारे सारे प्रयासों का परिणाम ये होना चाहिए कि गरीब कोर्ट से डरे नहीं, उसे समय पर न्याय मिले और कोर्ट की प्रक्रियाओं में उसका खर्च भी कम हो।

आज संविधान दिवस के अवसर पर मैं उन युवाओं को भी विशेष शुभकामनाएँ देना चाहता हूँ, जिन्हें एक जनवरी, 2018 से वोट देने का अधिकार मिलने जा रहा है। ये वो युवा हैं, जो 21वीं सदी में जनमे हैं और कुछ महीनों बाद चुनावों में पहली बार वोट डालेंगे। 21वीं शताब्दी को भारत की शताब्दी बनाने की जिम्मेदारी इन्हीं युवाओं पर है। वहीं हम सभी की जिम्मेदारी इन युवाओं को ऐसी व्यवस्था देकर जाने की है, जो उन्हें और मजबूत करे, उनकी शक्ति बढ़ाए।

इसी कड़ी में एक बहुत महत्त्वपूर्ण विषय मैं आप सभी विद्वानों के सामने रखना चाहता हूँ। यह विषय है केंद्र और राज्य में एक साथ चुनाव कराने का। बीते कुछ समय से इस पर देश में चर्चा शुरू हुई है। कुछ राजनीतिक दलों ने भी हर 4-6 महीने पर होने वाले चुनाव की वजह से देश पर जो आर्थिक बोझ पड़ता है, संसाधनों पर दबाव पड़ता है, उस पर चिंता जताई थी। अब जैसे 2009 के लोकसभा चुनाव की ही बात करें तो उस साल चुनाव कराने में लगभग 1100 करोड़ का खर्च आया था। वहीं 2014 के लोकसभा चुनाव का खर्च लगभग 4 हजार करोड़ रुपए आया था। इसके अलावा उम्मीदवारों का खर्च अलग से।

एक-एक चुनाव में हजारों कर्मचारियों की तैनाती, लाखों सुरक्षाकर्मियों

का इधर-से-उधर होना भी व्यवस्था पर दबाव बनाता है। जब आचार संहिता लागू हो जाती है तो सरकार उतनी आसानी से फैसले भी नहीं ले पाती। वहीं इसके ठीक उलट दुनिया के कई देश हैं, जहाँ पर चुनाव की तारीख फिक्स रहती है। लोगों को पता रहता है कि उनके देश में कब चुनाव होगा, किस महीने चुनाव होगा। इसका फायदा यह होता है कि देश हमेशा चुनाव के मोड में नहीं रहता, नीति नियोजन प्रक्रिया और उनका क्रियान्वयन ज्यादा सक्षम रहता है और देश के संसाधनों पर अनावश्यक बोझ भी नहीं पड़ता।

एक साथ चुनाव का भारत पहले भी अनुभव कर चुका है और वो अनुभव सुखद रहा था। लेकिन हमारी ही कमियों की वजह से ये व्यवस्था भी टूट गई। मैं संविधान दिवस के इस शुभ अवसर पर इस चर्चा को आगे बढ़ाने का आग्रह करूँगा।

जब स्वयं पर बंधन नहीं होता तो व्यक्ति हो या कोई भी सरकार या संस्था, उस पर किसी-न-किसी दिन संकट आना तय होता है। हमारे यहाँ यह व्यवस्था की मजबूती है कि समय-समय पर हम खुद को परिष्कृत करते चलते हैं, खुद पर ही बंधन स्वीकार करते हैं। विशेषकर जनप्रतिनिधियों और राजनीतिक दलों की बात करें तो उन्होंने स्वयं के लिए अनेक बंधन स्वीकारे। देश के हित में, समाज के हित में स्वीकारे। जैसे आज बहुत से लोगों को पता ही नहीं होगा कि चुनाव के समय जो आचार संहिता लागू होती है, वो किसी कानून द्वारा नहीं लागू की जाती, बल्कि वो आचार संहिता खुद राजनीतिक दलों ने अपनी स्वेच्छा से स्वीकार की है। इसी तरह संसद् में कितने ही कानून पास करके नेताओं ने राजनीतिक व्यवस्था को दायरे में रखने के लिए कदम उठाए हैं। राजनीति में शुचिता आए, स्वच्छता आए, इसके लिए प्रयास किए गए हैं और किए जा रहे हैं। संस्था कोई भी हो, उसमें स्वत: नियमन के साथ चेक एंड बैलेंस की व्यवस्था जितनी मजबूत होगी, उतना ही संस्था और उससे जुड़े अंग भी मजबूत होंगे।

आज जब इस अवसर पर संविधान की तीन आधारभूत इकाइयों के बीच संतुलन की चर्चा हो रही है तो हमें यह ध्यान रखना होगा कि न्यायपालिका, विधायिका और कार्यपालिका के बीच संतुलन हमारे संविधान की रीढ़ रहा है।

इसी संतुलन की वजह से हमारा देश इमरजेंसी के दौरान लोकतंत्र की राह से भटकाए जाने की तमाम कोशिशों को खारिज कर सका था। उस समय अपने ऐतिहासिक फैसले में सुप्रीम कोर्ट ने कहा था—

"संविधान के बुनियादी स्वरूप के अंतर्गत, संवैधानिक तौर पर अलग तीनों अंग, संविधान द्वारा तय की गई सीमाओं को पार करके एक-दूसरे की सीमा में नहीं जा सकते। ये संविधान के प्रभुत्व के सिद्धांत का तार्किक और प्राकृतिक अर्थ है।"

संविधान की इन शक्तियों की वजह से बाबासाहब उसे मौलिक दस्तावेज मानते थे। एक ऐसा दस्तावेज, जो कार्यपालिका, न्यायपालिका और विधायिका की स्थिति और शक्तियों को परिभाषित करता है। डॉ. आंबेडकर ने कहा था—

"संविधान का मकसद सिर्फ संघ के तीन अंगों का निर्माण करना ही नहीं है, बल्कि उनके अधिकार की सीमाएँ भी तय करना है। ऐसा इसलिए आवश्यक है, क्योंकि अगर सीमाएँ नहीं तय होंगी तो संस्थाओं में निरंकुशता आ जाएगी और वो उत्पीड़न करने लगेंगी। इसलिए विधायिका को कोई भी कानून बनाने की स्वतंत्रता होनी चाहिए, कार्यपालिका को कोई भी फैसला लेने की स्वतंत्रता होनी चाहिए और सुप्रीम कोर्ट को कानून की व्याख्या करने की स्वतंत्रता होनी चाहिए।"

बाबासाहब की कही इन बातों पर चलकर ही हम आज यहाँ तक पहुँचे हैं और गर्व के साथ संविधान दिवस मना रहे हैं। संविधान की इस खूबी पर, संविधान के मौलिक ढाँचे से जुड़ी तीन संस्थाओं के बीच संतुलन पर सुप्रीम कोर्ट ने भी अपने कई फैसलों में जोर दिया है। 1967 में एक फैसले के दौरान सुप्रीम कोर्ट ने कहा था—

"हमारे संविधान ने विधायिका, कार्यपालिका और न्यायपालिका की सीमाएँ बहुत बारीकी से तय की हैं। संविधान उनसे उम्मीद करता है कि वो अपनी निहित शक्तियों का बिना अपनी सीमा लाँघे इस्तेमाल करें।"

आज जब हम 'न्यू इंडिया' के सपने को पूरा करने के लिए हर संभव प्रयास कर रहे हैं तो संविधान की सिखाई इन बातों की प्रासंगिकता और बढ़ गई है। अपने सीमित दायरे में रहते हुए हमें जनता की आशाओं-आकांक्षाओं को पूरा करना है। आज पूरा विश्व भारत की ओर बहुत उम्मीदों से देख रहा

है। कितनी ही चुनौतियों का हल उन देशों को भारत में ही दिख रहा है। कितने ही देश भारत के विकास में कंधे से कंधा मिलाकर चलना चाहते हैं। ऐसे में विधायिका, कार्यपालिका और न्यायपालिका, सभी को संविधान द्वारा तय की मर्यादाओं को ध्यान में रखते हुए ही आगे बढ़ना होगा।

मैं लॉ कमीशन और नीति आयोग को इस आयोजन के लिए बधाई देता हूँ। संविधान की तीनों इकाइयों ने इस आयोजन में खुलकर अपनी बातें रखी हैं। बहुत से जानकारों, विद्वानों ने अपनी राय दी है। सबकी राय का अपना-अपना महत्त्व है। लोकतंत्र की मजबूती के लिए इस तरह के संवाद बहुत आवश्यक हैं। यह हमारी परिपक्वता को दिखाता है। इस कार्यक्रम से जो भी अमल में लाने लायक बिंदु निकले हैं, उन्हें हम सभी को मिलकर आगे बढ़ाना चाहिए। संवाद की प्रक्रिया निरंतर जारी रहे, इस बारे में भी सोचा जाना चाहिए।

आज समय की माँग है कि हम एक-दूसरे को सशक्त करें, एक संस्था दूसरे की आवश्यकताओं को समझे, वह संस्था जिन चुनौतियों का सामना कर रही है, उन्हें समझे। जब ये तीनों संस्थाएँ संविधान में लिखित अपने कर्तव्यों पर ध्यान देंगी, तभी देश के नागरिकों को भी अधिकार से कह पाएँगी कि "आप भी अपने कर्तव्यों का पालन करिए। 'मेरा क्या, मुझे क्या' की सोच को छोड़कर समाज और देश के बारे में सोचिए।"

अधिकार—अधिकार के संघर्ष में कर्तव्यों के पीछे छूटने का अंदेशा रहता है। अपने कर्तव्यों से पीछे हटकर देश आगे नहीं बढ़ सकता। मैं एक बार फिर आप सभी को, देशवासियों को संविधान दिवस की बहुत-बहुत शुभकामनाएँ देता हूँ।

(26 नवंबर, 2017 को संविधान दिवस पर नई दिल्ली में दिया गया भाषण)

☐

आमजन के लिए समावेशी संविधान

“हमारा संविधान हमें कहता है, गरीबों को न्याय मिले, सभी को, जन-जन को आगे बढ़ने का अवसर मिले, निम्न वर्ग, निम्न-मध्यम वर्ग, मध्यम वर्ग, उच्च-मध्यम वर्ग, उनको आगे बढ़ने में कोई रुकावट न आए, सरकार की अड़चनें न आएँ। समाज व्यवस्था उनके सपनों को दबोच न ले, उनको अधिकतम अवसर मिले, वो जितना फलना-फूलना चाहें, खिलना चाहें, हम एक वातावरण बनाएँ। हमारे बुज़ुर्ग हों, हमारे दिव्यांग हों, हमारी महिलाएँ हों, हमारे दलित, पीड़ित, शोषित, हमारे जंगलों में जिंदगी गुजारने वाले आदिवासी भाई-बहन हों, हर किसी को उनकी आशा और अपेक्षाओं के अनुसार आगे बढ़ने का अवसर मिले। एक आत्मनिर्भर हिंदुस्तान हो, एक सामर्थ्यवान हिंदुस्तान हो, एक विकास की निरंतर गति को बनाए रखने वाला, लगातार नई ऊँचाइयों को पार करने वाला हिंदुस्तान हो।”

देश को आजादी दिलाने के लिए पूज्य बापू के नेतृत्व में लक्षावधि लोगों ने अपना जीवन खपा दिया, अपनी जवानी जेलों में गुजार दी। कई क्रांतिकारी महापुरुषों ने देश की आजादी के लिए फाँसी के फंदों को चूम लिया। मैं आज देशवासियों की तरफ से इन वीर सेनानियों को हृदयपूर्वक नमन करता हूँ,

मन:पूर्वक प्रणाम करता हूँ। इस तिरंगे झंडे की आन-बान-शान हमें जीने-जूझने, मरने-मिटने की प्रेरणा देती है।

इस तिरंगे की शान के लिए देश की सेना के जवान अपने प्राणों की आहुति दे देते हैं, हमारे अर्धसैनिक बल जिंदगी खपा देते हैं, हमारे पुलिस बल के जवान मानवता की रक्षा के लिए दिन-रात देश की रक्षा में लगे रहते हैं।

अगली बैसाखी हमारे जलियावालाँ बाग के नरसंहार के सौ वर्ष हो रहे हैं। तब देश के सामान्य लोगों ने देश की आजादी के लिए किस प्रकार से जान की बाजी लगा दी थी और जुल्म की सीमाएँ कितना लाँघ चुकी थीं! जलियावालाँ बाग हमारे देश के उन वीरों के त्याग और बलिदान का संदेश देता है। मैं उन सभी वीरों को हृदयपूर्वक, आदरपूर्वक नमन करता हूँ।

ये आजादी ऐसे ही नहीं मिली है। पूज्य बापू के नेतृत्व में अनेक महापुरुषों ने, अनेक वीर पुरुषों ने, क्रांतिकारियों के नेतृत्व में अनेक नौजवानों ने, सत्याग्रह की दुनिया में रहने वालों ने जवानी जेलों में काट दी। देश को आजादी दिलाई, लेकिन आजादी के इस संघर्ष में उन्होंने सपनों को भी सँजोया है। भारत के भव्य रूप को भी उन्होंने मन में अंकित किया है। आजादी के कई वर्ष पहले तमिलनाडु के राष्ट्र कवि सुब्रह्मण्यम भारती ने अपने सपनों को शब्दों में पिरोया था। उन्होंने इस तरह लिखा था—

एल्लारुम् अमरनिलई आईडुमनान
मुरईअई इंदिया उलागिरिक्कु अलिक्कुम

सुब्रह्मण्यम भारती ने कहा था, भारत पूरी दुनिया को हर तरह के बंधनों से मुक्ति का रास्ता दिखाएगा। इन महापुरुषों के सपनों को पूरा करने के लिए आजादी के सेनानियों की इच्छाओं को परिपूर्ण करने के लिए, देश के कोटि-कोटि जन की आशा-आकांक्षाओं को पूर्ण करने के लिए पूज्य बाबासाहब आंबेडकरजी के नेतृत्व में भारत ने एक समावेशी संविधान का निर्माण किया। यह हमारा समावेशी संविधान एक नए भारत के निर्माण का संकल्प लेकर आया है। हमारे लिए कुछ जिम्मेदारियाँ लेकर आया है। हमारे लिए सीमा रेखाएँ तय करके आया है। हमारे सपनों को साकार करने के लिए समाज के हर वर्ग को हर तबके को, भारत के हर भू-भाग को समान रूप से आगे ले

जाने के लिए अवसर मिले, उसके लिए हमारा संविधान हमें मार्गदर्शन करता रहा है।

हमारा संविधान हमें कहता है, गरीबों को न्याय मिले, सभी को, जन-जन को आगे बढ़ने का अवसर मिले, निम्न वर्ग, निम्न मध्यम वर्ग, मध्यम वर्ग, उच्च मध्यम वर्ग, उनको आगे बढ़ने में कोई रुकावट न आए, सरकार की अड़चनें न आएँ। समाज व्यवस्था उनके सपनों को दबोच न ले, उनको अधिकतम अवसर मिले, वो जितना फलना-फूलना चाहें, खिलना चाहें, हम एक वातावरण बनाएँ। हमारे बुजुर्ग हों, हमारे दिव्यांग हों, हमारी महिलाएँ हों, हमारे दलित, पीड़ित, शोषित, हमारे जंगलों में जिंदगी गुजारने वाले आदिवासी भाई-बहन हों, हर किसी को उनकी आशा और अपेक्षाओं के अनुसार आगे बढ़ने का अवसर मिले। एक आत्मनिर्भर हिंदुस्तान हो, एक सामर्थ्यवान हिंदुस्तान हो, एक विकास की निरंतर गति को बनाए रखने वाला, लगातार नई ऊँचाइयों को पार करने वाला हिंदुस्तान हो। दुनिया में हिंदुस्तान की साख हो, और इतना ही नहीं, हम चाहते हैं कि दुनिया में हिंदुस्तान की धमक भी हो।

मैंने पहले भी टीम इंडिया की कल्पना आपके सामने रखी है। जब सवा

सौ करोड़ देशवासियों की भागीदारी होती है, जन-जन देश को आगे बढ़ाने के लिए हमारे साथ जुड़ता है। सवा सौ करोड़ सपने, सवा सौ करोड़ संकल्प, सवा सौ करोड़ पुरुषार्थ, जब निर्धारित लक्ष्य की प्राप्ति के लिए सही दिशा में चल पड़ते हैं तो क्या कुछ नहीं हो सकता?

मैं आज बड़ी विनम्रता के साथ, बड़े आदर के साथ यह जरूर कहना चाहूँगा कि 2014 में इस देश के सवा सौ करोड़ नागरिकों ने सरकार चुनी थी तो वे सिर्फ सरकार बना करके रुके नहीं थे। वे देश बनाने के लिए जुटे भी हैं, जुटे भी थे और जुटे रहेंगे भी। मैं समझता हूँ, यही तो हमारे देश की ताकत है। सवा सौ करोड़ देशवासी, हिंदुस्तान के छह लाख से अधिक गाँव आज हैं। श्रीअरबिंद[1] की जन्म जयंती है। श्रीअरबिंद ने बहुत सटीक बात कही थी। राष्ट्र क्या है, हमारी मातृभूमि क्या है, यह कोई जमीन का टुकड़ा नहीं है, न ही यह सिर्फ संबोधन है, न ही यह कोई कोरी कल्पना है। राष्ट्र एक विशाल शक्ति है, जो असंख्य छोटी-छोटी इकाइयों को संगठित ऊर्जा का मूर्त रूप देती है। श्रीअरबिंद की ये कल्पना ही देश के हर नागरिक को, देश को आगे ले जाने में जोड़ रही है।

लेकिन हम आगे जा रहे हैं, यह पता तब तक नहीं चलता है, जब तक हम कहाँ से चले थे, उस पर अगर नजर न डालें। कहाँ से हमने यात्रा आरंभ की थी, अगर उसकी ओर नहीं देखेंगे तो कहाँ गए हैं, कितना गए हैं, इसका शायद अंदाज नहीं आएगा।

(15 अगस्त, 2018 को लालकिले की प्राचीर से)

□

1. राष्ट्रवादी, क्रांतिकारी, स्वाधीनता सेनानी

संविधान को कुचलने का वह पाप!

"आज 25 जून को हम लोकतंत्र के प्रति फिर से एक बार अपना समर्पण, अपना संकल्प दोहराएँ। उसको और ताकत के साथ हमें समर्पित करना होगा। संविधान की बातें बताना और संविधान को कुचलने के पाप करना, इन चीजों को कोई भूल नहीं सकता है। उस समय जो-जो भी इस पाप के भागीदार थे, उनपर यह दाग कभी मिटने वाला नहीं है। इस बात को बार-बार स्मरण करने की भी जरूरत है, ताकि देश में फिर कभी कोई ऐसा पैदा न हो, जिसको इस पाप के रास्ते पर जाने की इच्छा हो जाए, इसलिए याद करना जरूरी है, किसी को भला-बुरा कहने के लिए नहीं।"

आज 25 जून है। बहुत लोगों को जानकारी भी नहीं कि 25 जून क्या है? अगल-बगल में पूछना पड़ता है। 25 जून की उस रात[2] देश की आत्मा को कुचल दिया गया था। भारत में लोकतंत्र संविधान के पन्नों से पैदा नहीं हुआ है, बल्कि संविधान में भारत की सदियों पुरानी लोकतांत्रिक गणराज्य की व्यवस्था को पुन: स्वीकार किया गया। भारत में लोकतंत्र सदियों से हमारी आत्मा है, इस आत्मा को कुचल दिया गया था। देश के मीडिया को दबोच दिया गया था। देश के महापुरुषों को जेल की सलाखों के पीछे बंद कर दिया गया था। पूरे हिंदुस्तान को जेलखाना बना दिया गया था और

2. वर्ष, 1975

सिर्फ इसलिए कि किसी की सत्ता चली न जाए। इसके पहले न्यायपालिका का जजमेंट आया था। न्यायपालिका का अनादर कैसे होता है, उसका वह जीता-जागता उदाहरण है।

आज 25 जून को हम लोकतंत्र के प्रति फिर से एक बार अपना समर्पण, अपना संकल्प दोहराएँ। उसको और ताकत के साथ हमें समर्पित करना होगा। संविधान की बातें बताना और संविधान को कुचलने के पाप करना, इन चीजों को कोई भूल नहीं सकता है। उस समय जो-जो भी इस पाप के भागीदार थे, उनपर ये दाग कभी मिटने वाला नहीं है। इस बात को बार-बार स्मरण करने की भी जरूरत है, ताकि देश में फिर कभी कोई ऐसा पैदा न हो, जिसको इस पाप के रास्ते पर जाने की इच्छा हो जाए, इसलिए याद करना जरूरी है, किसी को भला-बुरा कहने के लिए नहीं।

लोकतंत्र के प्रति आस्था का महत्त्व क्या है, ये समझाने के लिए भी लोकतंत्र पर किस प्रकार से प्रहार हुआ था, यह स्मरण कराना जरूरी होता है। उस समय जबकि मीडिया पर ताले लग चुके थे, हर किसी को लगता था कि आज शाम को पुलिस आएगी, पकड़ लेगी। ऐसे वातावरण में देश के नागरिकों की सामर्थ्य देखिए, इनकी ताकत देखिए—जाति, पंथ, संप्रदाय सबसे ऊपर उठकर देश ने उस समय चुनाव में नतीजा दिया था। लोकतंत्र के लिए वोट किया था और लोकतंत्र को पुनः प्रस्थापित किया था। ये देश के मतदाताओं की ताकत है। इस बार फिर एक बार जाति, पंथ, संप्रदाय, भाषा सबसे परे उतर करके सिर्फ और सिर्फ देश के उज्ज्वल भविष्य के लिए देश ने मतदान किया है।

(25 जून, 2019 को राष्ट्रपति के अभिभाषण पर लोकसभा में धन्यवाद प्रस्ताव के दौरान)

□

एक राष्ट्र-एक संविधान

"संविधान में अनुच्छेद 370 और 35ए का प्रावधान हो जाने के कारण कुछ रुकावटें भी आई हैं।"

हमारे संविधान निर्माताओं ने, सरदार वल्लभभाई पटेल जैसे महापुरुषों ने, देश की एकता के लिए, राष्ट्रीय एकीकरण के लिए उस कठिन समय में भी महत्त्वपूर्ण फैसले लिये, हिम्मत के साथ फैसले लिए। देश के एकीकरण का सफल प्रयास किया। लेकिन संविधान में अनुच्छेद 370 और 35ए का प्रावधान हो जाने के कारण कुछ रुकावटें भी आई हैं।

आज लालकिले से मैं जब देश को संबोधित कर रहा हूँ, मैं यह गर्व के साथ कहता हूँ कि आज हर हिंदुस्तानी कह सकता है—वन नेशन, वन कांस्टीट्यूशन और हम सरदार साहब के एक भारत-श्रेष्ठ भारत, इसी सपने को चरितार्थ करने में लगे हुए हैं। तब ये साफ-साफ बनता है कि हम ऐसी व्यवस्थाओं को विकसित करें, जो देश की एकता को बल दें, देश को जोड़ने के लिए सिमेंटिंग फोर्स के रूप में उभर करके आएँ और यह प्रक्रिया निरंतर चलनी चाहिए। वह एक समय के लिए नहीं होती है, अविरल होनी चाहिए।

(15 अगस्त, 2019 स्वतंत्रता दिवस पर लालकिले की प्राचीर से संबोधन का अंश)

□

संविधान का 70वाँ वर्ष

संविधान के 70 वर्ष हमारे लिए हर्ष, उत्कर्ष और निष्कर्ष का मिला-जुला भाव लेकर आए हैं। हर्ष यह है कि संविधान की भावना अटल और अडिग रही है। अगर कभी इसके विरुद्ध कुछ प्रयास हुए भी हैं तो देशवासियों ने मिलकर उनको असफल किया है। संविधान पर आँच नहीं आने दी है। उत्कर्ष इस बात का है कि हमारे संविधान की मजबूती के कारण ही 'एक भारत श्रेष्ठ भारत' की तरफ हम आगे बढ़ पाए हैं। हमने तमाम सुधार मिल-जुलकर संविधान के दायरे में रहकर किए हैं। निष्कर्ष यह है कि ये विशाल और विविधता भरा भारत प्रगति के लिए, सुनहरे भविष्य के लिए, नए भारत के लिए भी हमारे सामने सिर्फ और सिर्फ संविधान, संविधान की मर्यादाएँ, संविधान की भावना, यही एकमात्र रास्ता है।

कुछ दिन और कुछ अवसर ऐसे होते हैं, जो अतीत के साथ हमारे संबंधों को मजबूती देते हैं। हमें बेहतर भविष्य में और उस दिशा में काम करने के लिए प्रेरित करते हैं। 26 नवंबर का दिवस भी ऐसा ही ऐतिहासिक है। 70 साल पहले हमने विधिवत् रूप से एक नए रंग-रूप के साथ संविधान को अंगीकार किया था। वैसे 26 नवंबर दर्द भी पहुँचाता है। भारत की महान् उच्च परंपराएँ, हजारों साल की सांस्कृतिक विरासत, वसुधैव कुटुम्बकम् के विचार को 26 नवंबर के दिन मुंबई में आतंकवादी मंसूबों ने छलनी करने का प्रयास

किया था। मैं उन सभी हुतात्माओं को नमन करता हूँ। सात दशक पहले संसद् के सेंट्रल हॉल में पवित्र आवाजों की गूँज थी। संविधान के एक-एक अनुच्छेद पर बारीकी से गहन चर्चा हुई। तर्क आए, तथ्य आए, विचार आए, आस्था की चर्चा हुई, विश्वास की चर्चा हुई, सपनों की चर्चा हुई, संकल्पों की चर्चा हुई। एक प्रकार से सदन, यह जगह ज्ञान का महाकुंभ था, जहाँ पर भारत के हर कोने के सपनों को शब्दों में उतारने का एक भरपूर प्रयास हुआ था। डॉ. राजेंद्र प्रसाद, डॉ. भीमराव बाबासाहब आंबेडकर, सरदार वल्लभ भाई पटेल, पंडित नेहरू, आचार्य कृपलानीजी, मौलाना आजाद, पुरुषोत्तम दास टंडन, सुचेता कृपलानी, हंसा मेहता, अल्लादि कृष्णस्वामी अय्यर, एन. गोपालास्वामी अयंगर, जॉन मथाई जैसे अनगिनत ऐसे महापुरुष, जिन्होंने प्रत्यक्ष और अप्रत्यक्ष योगदान देकर हमें यह महान् विरासत हमारे हाथों में सुपुर्द की है। मैं उन सभी महान् विभूतियों को स्मरण करता हूँ और उनका आदरपूर्वक नमन करता हूँ।

शुरू में मैं बाबासाहब आंबेडकर के 25 नवंबर, 1949 के भाषण में कही बातों का उल्लेख करना चाहता हूँ। संविधान अंगीकार करने के एक दिन पूर्व अपने आखिरी भाषण[1] में बाबासाहब ने देश को याद दिलाया था कि भारत पहली बार 1947 में आजाद हुआ है या फिर 26 जनवरी, 1950 को गणतंत्र बना, ऐसा नहीं है। भारत पहले भी आजाद था और हमारे यहाँ अनेक गणराज्य भी थे। डॉ. आंबेडकर ने यह व्यथा भी व्यक्त की थी कि अपनी ही गलतियों से हमने अतीत में आजादी खोई है और गणतांत्रिक चरित्र भी गँवाया है। ऐसे में बाबासाहब ने देश को चेताते हुए पूछा था कि हमें आजादी भी मिल गई, गणतंत्र भी हो गए, लेकिन क्या हम इसको बनाए रख सकते हैं। क्या अतीत से हम सबक ले सकते हैं। आज अगर बाबासाहब होते तो उनसे अधिक प्रसन्नता शायद ही किसी को होती। भारत ने इतने वर्षों में न केवल उनके सवालों का उत्तर दिया है, बल्कि अपनी आजादी और लोकतंत्र को और भी समृद्ध और सशक्त किया है। मैं बीते सात दशक में संविधान की भावना को अक्षुण्ण रखने वाली विधायिका, कार्यपालिका और न्यायपालिका के सभी साथियों को गौरवपूर्वक स्मरण करता हूँ, नमन करता हूँ। मैं विशेष तौर पर

1. संविधान सभा में

130 करोड़ भारतवासियों के सामने नतमस्तक हूँ, जिन्होंने भारत के लोकतंत्र के प्रति आस्था को कभी कम नहीं होने दिया। हमारे संविधान को हमेशा एक पवित्र ग्रंथ माना, गाइडिंग लाइट माना।

संविधान के 70 वर्ष हमारे लिए हर्ष, उत्कर्ष और निष्कर्ष का मिला जुला भाव लेकर आए हैं। हर्ष यह है कि संविधान की भावना अटल और अडिग रही है। अगर कभी इसके विरुद्ध कुछ प्रयास हुए भी हैं तो देशवासियों ने मिलकर उनको असफल किया है। संविधान पर आँच नहीं आने दी है। उत्कर्ष इस बात का है कि हमारे संविधान की मजबूती के कारण ही एक भारत श्रेष्ठ भारत की तरफ हम आगे बढ़ पाए हैं। हमने तमाम सुधार मिल-जुलकर संविधान के दायरे में रहकर किए हैं। निष्कर्ष यह है कि ये विशाल और विविधता भरा भारत प्रगति के लिए, सुनहरे भविष्य के लिए, नए भारत के लिए भी हमारे सामने सिर्फ और सिर्फ संविधान, संविधान की मर्यादाएँ, संविधान की भावना, यही एकमात्र रास्ता है। हमारा संविधान हमारे लिए सबसे बड़ा और पवित्र ग्रंथ है। एक ऐसा ग्रंथ, जिसमें हमारे जीवन की, हमारे समाज की, हमारी परंपराओं, हमारी मान्यताओं, हमारे व्यवहार, हमारे आचार उन सबके साथ का समावेश है। साथ-साथ अनेक चुनौतियों का समाधान भी है। हमारा

संविधान इतना व्यापक इसलिए है, क्योंकि इसमें हमने बाहरी प्रकाश के लिए अपनी खिड़कियाँ खोल रखी हैं। उसके साथ-साथ भीतर का जो प्रकाश है, उसको भी और अधिक प्रज्वलित करने का अवसर भी दिया है।

एक बात 2014 में लालकिले की प्राचीर से जो मैंने कही थी, मैं उसको दोहराऊँगा। संविधान को अगर दो सरल शब्दों में कहना है, सरल भाषा में कहना है तो कहूँगा डिगनिटी फॉर इंडियन ऐंड यूनिटी फॉर इंडिया। इन्हीं दो मंत्रों को हमारे संविधान ने साकार किया है, नागरिक की डिगनिटी को सर्वोच्च रखा है और संपूर्ण भारत की एकता और अखंडता को अक्षुण्ण रखा है। हमारा संविधान वैश्विक लोकतंत्र की सर्वोत्कृष्ट उपलब्धि है। यह न केवल अधिकारों के प्रति सजग है, बल्कि हमारे कर्तव्यों के प्रति जागरूक भी बनाता है। एक दृष्टि से हमारा संविधान दुनिया में सबसे अधिक पंथनिरपेक्ष है। हमें क्या करना है, कितने बड़े सपने देखने हैं और कहाँ तक पहुँचना है, इसके लिए किसी भी प्रकार की बंदिश नहीं है। संविधान में ही अधिकार की बात है और संविधान में ही कर्तव्यों के पालन की अपेक्षा है। क्या हम एक व्यक्ति के तौर पर, एक परिवार के तौर पर, एक समाज के तौर पर अपने कर्तव्यों को लेकर उतने ही गंभीर हैं, जितना हमारा संविधान, हमारा देश, हमारे देशवासियों के सपने हमसे अपेक्षा करते हैं। जैसा कि राजेंद्र बाबू ने कहा था कि जो कॉन्स्टीट्यूशन में लिखा नहीं है, उसको हमें कन्वेंशन से स्थापित करना होगा और यही भारत की विशेषता भी है। बीते दशकों में हमने अपने अधिकारों पर बल दिया और वह आवश्यक भी था और ठीक भी था। क्योंकि समाज में ऐसी व्यवस्थाएँ बन गई हैं, जिनके चलते एक बड़े वर्ग को अधिकारों से वंचित रखा गया था। बिना अधिकारों से परिचय कराए इस बड़े वर्ग को समानता, समता और न्याय का अहसास दिला पाना संभव नहीं था। अब आज समय की माँग है कि हमें अधिकारों के साथ ही एक नागरिक के तौर पर अपने कर्तव्यों, अपने दायित्व पर भी मंथन करना ही होगा। दायित्व को निभाए बिना हम अपने अधिकारों को सुरक्षित नहीं रख सकते हैं।

अधिकारों और कर्तव्यों के बीच का एक अटूट रिश्ता है। इस रिश्ते को महात्मा गांधीजी ने बहुत ही विशेष रूप से बखूबी समझाया था। आज जब

देश पूज्य बापू की 150वीं जयंती का पर्व मना रहा है तो उनकी बातें बहुत प्रासंगिक हो जाती हैं। वे कहते थे 'राइट इज ड्यूटी वेल परफॉर्म्ड'। उन्होंने एक जगह लिखा भी था कि मैंने अपनी अनपढ़, लेकिन समझदार माँ से सीखा है कि सभी अधिकार आपके द्वारा सच्ची निष्ठा से निभाए गए अपने कर्तव्यों से ही आते हैं। पिछली शताब्दी के शुरुआती दशकों में जब पूरी दुनिया अधिकार के बारे में बात कर रही थी, तब गांधीजी ने एक कदम आगे बढ़ते हुए कहा था, आइए हम लोग नागरिकों के कर्तव्य यानी ड्यूटीज ऑफ सिटीजन्स के बारे में बात करते हैं। 1947 में यूनेस्को के महानिदेशक डॉ. जूलियन हस्क्ले ने विश्व के 60 बड़े महानुभावों को, बड़ी हस्तियों को एक पत्र लिखा था और उनसे मार्गदर्शन माँगा था। उन्होंने पत्र में पूछा था कि 'वर्ल्ड चैप्टर ऑफ ह्यूमन राइट्स' बनाना है तो उसका आधार क्या होगा। इस बारे में उन्होंने दुनिया के महानुभावों से अपनी राय माँगी थी, महात्मा गांधी से भी माँगी थी। लेकिन दुनिया के हर किसी ने जो अभिप्राय दिया, महात्मा गांधी का उनसे कुछ अलग था। महात्माजी ने कहा था कि हम अपने जीवन के अधिकार तभी अर्जित कर सकते हैं, जब नागरिक के तौर पर अपने कर्तव्यों को पूरी तरह से निभाएँ। यानी एक प्रकार से कर्तव्यों में ही अधिकारों की रक्षा है। इसकी वकालत महात्मा गांधी ने उस समय भी की थी। जब हम दायित्व की बात करते हैं, कर्तव्य की बात करते हैं तो यह बहुत ही सामान्य जिम्मेदारियाँ हैं, जिनको निभाने से एक राष्ट्र के रूप में हमारे संकल्प सिद्ध होते हैं। हमें ये भी बहुत स्पष्ट ध्यान देना होगा कि कभी-कभी हम सेवा को ही कर्तव्य मान लेते हैं। सेवाभाव, संस्कार हर समाज के लिए बहुत अहमियत रखते हैं। लेकिन कर्तव्य कुछ और है और उस पर कभी-कभी हमारा ध्यान नहीं जाता है। आप सड़क पर चल रहे किसी व्यक्ति को जरूरत होने पर उसकी मदद करते हैं। वो एक प्रकार से सेवाभाव है। ये सेवाभाव किसी भी समाज को, मानवता को बहुत सशक्त करता है। कर्तव्य भाव इससे थोड़ा अलग है। रोड पर किसी को तकलीफ हुई, आपने मदद की अच्छी बात है, लेकिन अगर मैंने ट्रैफिक नियमों का पालन किया है और कभी किसी को तकलीफ न हो, ऐसी व्यवस्था का मैं हिस्सा बना, यह मेरा कर्तव्य है। परिवार के सदस्य के नाते हम हर वह चीज करते हैं, जिससे

हमारे परिवार की शक्ति बढ़े। उसी प्रकार से नागरिक के नाते हम वह करें, जिससे हमारे देश की ताकत बढ़े, हमारा राष्ट्र शक्तिशाली हो।

एक नागरिक जब अपने बच्चे को स्कूल भेजता है तो माँ-बाप अपना कर्तव्य निभाते हैं। वे माँ बाप जागरूकतापूर्वक अपने बच्चे को मातृभाषा सीखने का आग्रह रखते हैं तो वे एक नागरिक का कर्तव्य निभाते हैं। एक व्यक्ति छोटी-छोटी चीजें करता है। अगर बूँद-बूँद पानी बचाता है तो भी वह अपना नागरिक कर्तव्य निभाता है। टीकाकरण केंद्र पर जाकर टीका का काम पूरा कर लेने वाला, वोट देने के लिए कहे बिना वोट देने वाला और समय पर टैक्स देने वाला भी अपना कर्तव्य निभाता है। ऐसे कई दायित्व होते हैं, जो एक नागरिक के रूप में व्यवस्था के रूप में हम विकसित करें, संस्कार के रूप में हम विकसित करें तो हमें देश को आगे ले जाने में बहुत बड़ी सुविधा मिलती है। ये सवाल जब तक देश के प्रत्येक नागरिक के चित्त में, उसकी चेतना में सर्वोपरि नहीं होंगे, हमारे नागरिक कर्तव्य कहीं-न-कहीं कमजोर होते चले जाएँगे। वो किसी-न-किसी रूप में किसी दूसरे के अधिकार को हानि पहुँचाते हैं। इसलिए औरों के अधिकारों की चिंता के लिए भी अपने कर्तव्यों पर बल देना हम लोगों का दायित्व बनता है।

जनप्रतिनिधि के नाते हमारी जिम्मेवारी कुछ और अधिक होती है, दोहरी होती है। हमारे सामने कॉन्स्टीट्यूशनल वैल्यूज को मजबूत करने के साथ-साथ खुद को भी एक आदर्श के रूप में प्रस्तुत करना है। यह हमारा दायित्व बन जाता है और हमें समाज में सार्थक बदलाव लाने के लिए इस कर्तव्य को भी निभाना ही होगा। हमारी कोशिश होनी चाहिए कि अपने हर कार्यक्रम में, हर बातचीत में हम दायित्व पर फोकस करें। जनता के साथ संवाद करते समय दायित्वों की बात करना हम न भूलें। हमारा संविधान हम भारत के लोग से शुरू होता है। 'वी द पीपल ऑफ इंडिया', हम भारत के लोग ही इसकी ताकत हैं, हम ही इसकी प्रेरणा हैं और हम ही इसका उद्‌देश्य हैं।

मैं जो कुछ हूँ—वो समाज के लिए हूँ, देश के लिए हूँ, यही कर्तव्य-भाव हमारी प्रेरणा का स्रोत है। मैं आप सभी का आह्वान करता हूँ कि हम सब इस संकल्प-शक्ति के साथ मिलकर भारत के एक जिम्मेदार नागरिक के तौर पर

अपने कर्तव्यों का पालन करें। अपने गणतंत्र को हम कर्तव्यों से ओतप्रोत नई संस्कृति की तरफ लेकर जाएँ। हम सब देश के नवनागरिक बनें, नेक नागरिक बनें। मैं कामना करता हूँ कि 'संविधान दिवस' हमारे संविधान के आदर्शों को कायम रखे और राष्ट्र निर्माण में योगदान देने की हमारी प्रतिबद्धता को बल दे। हमारे संविधान निर्माताओं ने जो सपना देखा था, उसे पूरा करने की हमें शक्ति दे। ये पवित्र धरती है, जहाँ इसका मंथन हुआ था, यहाँ पर उसकी गूँज है। यह गूँज हमें अवश्य आशीर्वाद देगी, यह गूँज हमें अवश्य प्रेरणा देगी, अवश्य शक्ति देगी, यह गूँज हमें अवश्य दिशा देगी। इसी एक भावना के साथ मैं फिर एक बार आज संविधान दिवस के पवित्र मौके पर पूज्य बाबासाहब आंबेडकर को प्रणाम करता हूँ, संविधान निर्माताओं को प्रणाम करता हूँ और देशवासियों को बहुत-बहुत शुभकामनाएँ देता हूँ।

(26 नवंबर, 2019 को संविधान के 70वें साल पर संसद् के संयुक्त सत्र में)

□

संविधान का पहला प्रहरी

"पीठासीन अधिकारी, कानून-निर्माता के रूप में संविधान और देश के सामान्य जन को जोड़ने वाली एक बहुत अहम कड़ी हैं। विधायक होने के साथ-साथ सदन के स्पीकर भी हैं। ऐसे में हमारे संविधान के तीनों महत्त्वपूर्ण अंगों—विधायिका, कार्यपालिका और न्यायपालिका के बीच बेहतर सामंजस्य स्थापित करने में आप बहुत बड़ी भूमिका अदा कर सकते हैं। सम्मेलन में इस पर काफी चर्चा भी की गई है। संविधान की रक्षा में न्यायपालिका की अपनी भूमिका होती है। लेकिन स्पीकर लॉ मेकिंग बॉडी का फेस होता है, इसलिए स्पीकर एक तरह से संविधान के सुरक्षा कवच का पहला प्रहरी भी है।"

आज डॉ. राजेंद्र प्रसाद और बाबासाहब आंबेडकर से लेकर संविधान सभा के उन सभी व्यक्तित्वों को नमन करने का दिन है, जिनके अथक प्रयासों से हम सब देशवासियों को संविधान मिला। आज का दिन पूज्य बापू (महात्मा गांधी) की प्रेरणा को, सरदार वल्लभभाई पटेल की प्रतिबद्धता को प्रणाम करने का दिन है। ऐसे ही अनेक दूरदर्शी प्रतिनिधियों ने स्वतंत्र भारत के नवनिर्माण का मार्ग तय किया था। देश उन प्रयासों को याद रखे, इसी उद्देश्य से पाँच साल पहले 26 नवंबर को संविधान दिवस के रूप में मनाने का फैसला किया गया था। मैं पूरे देश को हमारे लोकतंत्र के इस अहम पर्व के लिए बधाई

देता हूँ। आज की तारीख, देश पर सबसे बड़े आतंकी हमले के साथ भी जुड़ी हुई है। 2008 में पाकिस्तान से भेजे गए आतंकियों ने मुंबई पर धावा बोल दिया था। इस हमले में अनेक लोगों की मृत्यु हुई थी। अनेक देशों के लोग मारे गए थे। मैं मुंबई हमले में मारे गए सभी लोगों को अपनी श्रद्धांजलि अर्पित करता हूँ।

इस हमले में हमारे पुलिस बल के कई जाँबाज भी शहीद हुए थे। मैं उन्हें भी नमन करता हूँ। मुंबई हमले के जख्म भारत भूल नहीं सकता। अब आज का भारत नई नीति-नई रीति के साथ आतंकवाद का मुकाबला कर रहा है। मुंबई हमले जैसी साजिशों को नाकाम कर रहे, आतंक को मुँहतोड़ जवाब देने वाले, भारत की रक्षा में प्रतिपल जुटे हमारे सुरक्षाबलों का भी मैं आज वंदन करता हूँ।

पीठासीन अधिकारी, कानून निर्माता के रूप में संविधान और देश के सामान्य जन को जोड़ने वाली एक बहुत अहम कड़ी हैं। विधायक होने के साथ-साथ सदन के स्पीकर भी हैं। ऐसे में हमारे संविधान के तीनों महत्त्वपूर्ण अंगों—विधायिका, कार्यपालिका और न्यायपालिका—के बीच बेहतर सामंजस्य स्थापित करने में आप बहुत बड़ी भूमिका अदा कर सकते हैं। सम्मेलन में इस पर काफी चर्चा भी की गई है। संविधान की रक्षा में न्यायपालिका की अपनी भूमिका होती है। लेकिन स्पीकर लॉ मेकिंग बॉडी का फेस होता है, इसलिए स्पीकर एक तरह से संविधान के सुरक्षा कवच का पहला प्रहरी भी है।

संविधान के तीनों अंगों की भूमिका से लेकर मर्यादा तक सबकुछ संविधान में ही वर्णित है। ’70 के दशक में हमने देखा था कि कैसे सेपरेशन ऑफ पॉवर की मर्यादा को भंग करने की कोशिश हुई थी, लेकिन इसका जवाब भी देश को संविधान से ही मिला, बल्कि इमरजेंसी के उस दौर के बाद चेक्स एंड बैलेंस का सिस्टम मजबूत से मजबूत होता गया। विधायिका, कार्यपालिका और न्यायपालिका, तीनों ही उस कालखंड से बहुत कुछ सीखकर आगे बढ़े। आज भी वो सीख उतनी ही प्रासंगिक है। बीते 6-7 सालों में विधायिका, कार्यपालिका और न्यायपालिका में सामंजस्य को और बेहतर करने का प्रयास हुआ है। इस तरह के प्रयासों का सबसे बड़ा प्रभाव पड़ता है जनता के विश्वास पर। कठिन-से-कठिन समय में भी जनता की आस्था इन तीन अंगों पर बनी रहती है। यह हमने इन दिनों इस वैश्विक महामारी के समय भी बखूबी देखा है। भारत की 130 करोड़ से ज्यादा जनता ने जिस परिपक्वता का परिचय दिया है, उसकी

एक बड़ी वजह, सभी भारतीयों का संविधान के तीनों अंगों पर पूर्ण विश्वास है। इस विश्वास को बढ़ाने के लिए निरंतर काम भी हुआ है।

महामारी के इस समय में देश की संसद् ने राष्ट्रहित से जुड़े कानूनों के लिए, आत्मनिर्भर भारत के लिए, महत्त्वपूर्ण कानूनों के लिए जो तत्परता और प्रतिबद्धता दिखाई है, वह अभूतपूर्व है। इस दौरान संसद् के दोनों सदनों में तय

समय से ज्यादा काम हुआ है। सांसदों ने अपने वेतन में भी कटौती करके अपनी प्रतिबद्धता जताई है। अनेक राज्यों के विधायकों ने भी अपने वेतन का कुछ अंश देकर कोरोना के खिलाफ लड़ाई में अपना सहयोग दिया है। I want to appreciate all these efforts. In the COVID times, these steps play a leading role in boosting public confidence. कोरोना के इसी समय में हमारी चुनाव प्रणाली की मजबूती भी दुनिया ने देखी है। इतने बड़े स्तर पर चुनाव होना, समय पर परिणाम आना, सुचारु रूप से नई सरकार का बनना, ये इतना भी आसान नहीं है। हमें हमारे संविधान से जो ताकत मिली है, वो ऐसे हर मुश्किल कार्यों को आसान बनाती है। हमारा संविधान 21वीं सदी में बदलते समय की हर चुनौती से निपटने के लिए हमारा मार्गदर्शन करता रहे, नई पीढ़ी के साथ उसका जुड़ाव बढ़े, ये दायित्व हम सभी पर है।

आने वाले समय में संविधान 75 वर्ष की ओर तेज गति से आगे बढ़ रहा है। उसी प्रकार से आजाद भारत भी 75 वर्ष का होने वाला है। ऐसे में व्यवस्थाओं को समय के अनुकूल बनाने के लिए बड़े कदम उठाने के लिए हमें संकल्पित भाव से काम करना होगा। राष्ट्र के रूप में लिये गए हर संकल्प को सिद्ध करने के लिए विधायिका, कार्यपालिका और न्यायपालिका, उसको बेहतर तालमेल के साथ काम करते रहना है। हमारे हर निर्णय का आधार एक ही तराजू से तौलना चाहिए, एक ही मानदंड होना चाहिए और वह मानदंड है राष्ट्रहित। राष्ट्रहित—यही हमारा तराजू होना चाहिए।

हमें यह याद रखना है कि जब विचारों में देशहित, लोकहित नहीं, उसके बजाय राजनीति हावी होती है तो उसका नुकसान देश को उठाना पड़ता है। जब हर कोई अलग-अलग सोचता है तो क्या परिणाम होते हैं, उसका गवाह, सरदार सरोवर डैम भी उसका एक बहुत बड़ा उदाहरण है। आप सभी ने सरदार सरोवर डैम की विशालता देखी है, भव्यता देखी है, उसकी शक्ति देखी है। लेकिन इस डैम का काम बरसों तक अटका रहा। आजादी के कुछ वर्षों बाद शुरू हुआ था और आजादी के 75 वर्ष जब सामने आए हैं, अभी कुछ साल पहले वो पूरा हुआ है। कैसी-कैसी बाधाएँ, कैसे-कैसे लोगों के द्वारा रुकावटें, किस प्रकार से संविधान का दुरुपयोग करने का प्रयास हुआ और इतना बड़ा जनहित का प्रोजेक्ट इतने सालों तक लटका रहा।

आज इस डैम का लाभ गुजरात के साथ ही मध्य प्रदेश, महाराष्ट्र और राजस्थान के लोगों को हो रहा है। इस बाँध से गुजरात की 10 लाख हेक्टेयर और राजस्थान की ढाई लाख हेक्टेयर जमीन को सिंचाई की सुविधा सुनिश्चित हुई है। गुजरात के 9 हजार से ज्यादा गाँव, राजस्थान और गुजरात के अनेक छोटे-बड़े शहरों को घरेलू पानी की सप्लाई इसी सरदार सरोवर बाँध की वजह से हो पा रही है।

जब पानी की बात आती है तो मुझे एक प्रसंग याद आ रहा है। जब नर्मदा का पानी अनेक विवादों में रहा, हम अनेक संकटों से गुजरे, हकीकत में कुछ रास्ते निकले, लेकिन जब राजस्थान को पानी पहुँचाया गया तो भैरो सिंहजी शेखावत और जसवंत सिंहजी, दोनों गांधी नगर स्पेशली मिलने आए। मैंने पूछा, क्या काम है, बोले, आ करके बताएँगे। वो आए और उन्होंने मेरा बहुत अभिनंदन किया, कितने आशीर्वाद दिए। मैंने कहा, इतना प्यार, इतनी भावना क्यों? वे बोले कि इतिहास गवाह है कि पानी की बूँद के लिए भी युद्ध हुए हैं, लड़ाइयाँ हुई हैं, दो-दो परिवारों के बीच बँटवारा हो गया है। बिना कोई संघर्ष, बिना कोई झगड़े गुजरात से नर्मदा का पानी राजस्थान पहुँच गया, राजस्थान की सूखी धरती को आपने पानी पहुँचाया, ये हमारे लिए गर्व और आनंद का विषय है। इसलिए हम मिलने आए हैं। आप देखिए, यह काम अगर पहले हुआ होता, इसी बाँध से जो बिजली पैदा हो रही है, उसका अधिकांश लाभ मध्य प्रदेश और महाराष्ट्र को हो रहा है।

ये सब बरसों पहले भी हो सकता था। लोककल्याण की सोच के साथ, विकास को सर्वोच्च प्राथमिकता की अप्रोच के साथ, ये लाभ पहले भी मिल सकते थे। बरसों तक जनता इनसे वंचित रही। जिन लोगों ने ऐसा किया, उन्हें कोई पश्चात्ताप भी नहीं है। इतना बड़ा राष्ट्रीय नुकसान हुआ, बाँध की लागत कहाँ से कहाँ पहुँच गई, लेकिन जो इसके जिम्मेदार थे, उनके चेहरे पर कोई शिकन नहीं है। हमें देश को इस प्रवृत्ति से बाहर निकालना है।

सरदार पटेलजी की इतनी विशाल प्रतिमा के सामने जाकर दर्शन करके आप लोगों ने भी नई ऊर्जा महसूस की होगी। आपको भी एक नई प्रेरणा मिली होगी। दुनिया की सबसे ऊँची प्रतिमा, स्टैच्यू ऑफ यूनिटी, ये हर भारतीयों का गौरव बढ़ाती है। सरदार पटेल जनसंघ के मेंबर नहीं थे, भाजपा के मेंबर नहीं थे,

कोई राजनीतिक छुआछूत नहीं। जैसे सदन में एक भाव की आवश्यकता होती है, वैसे ही देश में भी एक भाव की आवश्यकता होती है। ये सरदार साहब का स्मारक उस बात का जीता-जागता सबूत है कि यहाँ कोई राजनीतिक छुआछूत नहीं है। देश से बड़ा कुछ नहीं होता, देश के गौरव से बड़ा कुछ नहीं होता है।

आप कल्पना कर सकते हैं, 2018 में स्टैच्यू ऑफ यूनिटी के लोकार्पण

के बाद से करीब–करीब 46 लाख लोग यहाँ, इस सरदार साहब की स्टैच्यू को नमन करने के लिए आए। कोरोना की वजह से सात महीने तक स्टैच्यू दर्शन बंद नहीं हुए होते तो यह आँकड़ा और ज्यादा होता। माँ नर्मदा के आशीर्वाद से, स्टैच्यू ऑफ यूनिटी, पूरा केवड़िया शहर भारत के भव्यतम शहरों में शामिल होने के लिए तेजी से खड़ा हो रहा है। कुछ ही वर्षों में इस स्थान का कायाकल्प हो गया है। जब विकास को सर्वोपरि रखकर, कर्तव्य भाव को सर्वोपरि रखकर काम होता है तो परिणाम भी मिलते हैं।

आपने देखा होगा, आपका कई गाइड्स से मिलना हुआ होगा, व्यवस्था में जुड़े कई लोगों से मिलना हुआ होगा। ये सारे नौजवान बेटे–बेटियाँ इसी इलाके के हैं, आदिवासी परिवारों की बच्चियाँ हैं और आपको जब बताती होंगी, बहुत एक्जेक्ट शब्दों का उपयोग करती हैं, आपने देखा होगा। ये ताकत हमारे देश में पड़ी है। हमारे गाँव के अंदर ये ताकत पड़ी है। सिर्फ थोड़ी राख हटाने की जरूरत है, वह एकदम से प्रज्वलित हो जाती है। विकास के इन कार्यों ने यहाँ के आदिवासी भाई–बहनों को भी एक नया आत्मविश्वास दिया है।

हर नागरिक का आत्मसम्मान और आत्मविश्वास बढ़े, ये संविधान की भी अपेक्षा है और हमारा भी यह निरंतर प्रयास है। ये तभी संभव है, जब हम सभी अपने कर्तव्यों को, अपने अधिकारों का स्रोत मानेंगे, अपने कर्तव्यों को सर्वोच्च प्राथमिकता देंगे। कर्तव्यों पर सबसे ज्यादा बल दिया गया है, लेकिन पहले के दौर में उसे ही भुला दिया गया। चाहे सामान्य नागरिक हों, कर्मचारी हों, जनप्रतिनिधि हों, न्यायिक व्यवस्था से जुड़े लोग हों, हर व्यक्ति, हर संस्थान के लिए कर्तव्यों का पालन बहुत प्राथमिकता है, बहुत जरूरी है। संविधान में तो हर नागरिक के लिए ये कर्तव्य लिखित रूप में भी हैं। Our Constitution has many special features but one very special feature is the importance given to duties. Mahatma Gandhi himself was very keen about this. He saw a close link between rights and duties. He felt that once we perform our duties, rights will be safeguarded. अब हमारे प्रयास ये होने चाहिए कि संविधान के प्रति सामान्य नागरिक की समझ और ज्यादा व्यापक हो। इसके लिए संविधान को जानना, समझना भी बहुत जरूरी है। आजकल हम सब लोग सुनते हैं के.वाई.सी⋯ ये बहुत कॉमन शब्द है, हर कोई जानता है। के.वाई.सी. का मतलब है—नो

योर कस्टमर। ये डिजिटल सुरक्षा का एक बहुत बड़ा अहम पहलू बना हुआ है। उसी तरह नए रूप में, के.वाई.सी., यानी नो योर कॉन्स्टीट्यूशन हमारे संवैधानिक सुरक्षा कवच को भी मजबूत कर सकता है। इसलिए मैं संविधान के प्रति जागरूकता के लिए निरंतर अभियान चलाते रहना, ये देश की आने वाली पीढ़ियों के लिए आवश्यक मानता हूँ। विशेषकर स्कूलों में, कॉलेजों में, हमारी नई पीढ़ी को इससे बहुत करीब से परिचय कराना होगा।

I would urge you all to take initiatives that make aspects of our Constitution more popular among our youth. That too, through innovative methods. हमारे यहाँ बड़ी समस्या ये भी रही है कि संवैधानिक और कानूनी भाषा, उस व्यक्ति को समझने में मुश्किल होती है, जिसके लिए वह कानून बना है। मुश्किल शब्द, लंबी-लंबी लाइनें, बड़े-बड़े पैराग्राफ, क्लॉज, सब क्लॉज, यानी जाने-अनजाने एक मुश्किल जाल बन जाता है। हमारे कानूनों की भाषा इतनी आसान होनी चाहिए कि सामान्य-से-सामान्य व्यक्ति भी उसको समझ सके। हम भारत के लोगों ने ये संविधान खुद को दिया है, इसलिए इसके तहत लिये गए हर फैसले, हर कानून से सामान्य नागरिक सीधा कनेक्ट महसूस करे, यह सुनिश्चित करना होगा। इसमें पीठासीन अधिकारियों की बहुत बड़ी मदद मिल सकती है। इसी तरह समय के साथ जो कानून अपना महत्त्व खो चुके हैं, उनको हटाने की प्रक्रिया भी आसान होनी चाहिए। ऐसे कानून जीवन आसान बनाने के बजाय बाधाएँ ज्यादा बनाते हैं। बीते सालों में ऐसे सैकड़ों कानून हटाए जा चुके हैं। क्या हम ऐसी व्यवस्था नहीं बना सकते, जिससे पुराने कानूनों में संविधान की तरह ही पुराने कानूनों को रिपील करने की प्रक्रिया स्वत: चलती रहे?

अभी कुछ कानूनों में कालबाह्य खंड की व्यवस्था शुरू की गई है। अब एप्रोप्रिएशन एक्ट्स और कुछ दूसरे कानूनों में भी इसका दायरा बढ़ाने पर विचार चल रहा है। मेरा सुझाव है कि राज्य की विधानसभाओं में भी इस प्रकार की व्यवस्था सोची जा सकती है, ताकि पुराने अनुपयोगी कानूनों को 'स्टेच्यूट बुक' से हटाने के लिए प्रोसिडरल रिक्वायरमेंट्स से बचा जा सके। इस प्रकार की व्यवस्था से कानूनी कन्फ्यूजन बहुत कम होगा और सामान्य नागरिकों को भी आसानी होगी। एक और विषय है, वो भी इतना ही महत्त्वपूर्ण है और वो

है चुनावों का। 'वन नेशन वन इलेक्शन' सिर्फ एक चर्चा का विषय नहीं है, बल्कि ये भारत की जरूरत है। हर कुछ महीने में भारत में कहीं-न-कहीं बड़े चुनाव हो रहे होते हैं। इससे विकास के कार्यों पर जो प्रभाव पड़ता है, उसे आप सब भली-भाँति जानते हैं। ऐसे में 'वन नेशन वन इलेक्शन' पर गहन अध्ययन और मंथन आवश्यक है। इसमें पीठासीन अधिकारी काफी मार्गदर्शन कर सकते हैं, गाइड कर सकते हैं, लीड कर सकते हैं। इसके साथ ही लोकसभा हो, विधानसभा हो या फिर पंचायत चुनाव हों, इनके लिए एक ही वोटर लिस्ट काम में आए, इसके लिए हमें सबसे पहले रास्ता बनाना होगा। आज हरेक के लिए अलग-अलग वोटर लिस्ट है, हम क्यों खर्चा कर रहे हैं, समय क्यों बरबाद कर रहे हैं! अब हरेक के लिए 18 साल से ऊपर तक तय है। पहले तो उम्र में फर्क था, इसलिए थोड़ा अलग रहा, अब कोई जरूरत नहीं है।

डिजिटाइजेशन को लेकर संसद् में और कुछ विधानसभाओं में कुछ कोशिशें हुई हैं, लेकिन अब पूर्ण डिजिटलीकरण का समय आ चुका है। अगर प्रिसाइडिंग ऑफिसर्स इससे जुड़े इनिशिएटिव्स लेंगे तो मुझे विश्वास है कि हमारे विधायकगण, सांसदगण भी तेजी से इस टेक्नोलॉजी को अडॉप्ट कर लेंगे। क्या आजादी के 75 वर्ष को देखते हुए आप इससे जुड़े लक्ष्य तय कर सकते हैं?

आज देश के सभी विधायी सदनों को डेटा शेयर करने की दिशा में आगे बढ़ना जरूरी है, ताकि देश में एक सेंट्रल डेटाबेस हो। सभी सदनों के कामकाज का एक रियल टाइम ब्योरा आम नागरिक को भी उपलब्ध हो और देश के सभी सदनों को भी यह उपलब्ध हो। इसके लिए 'नेशनल ई-विधान एप्लिकेशन' के रूप में एक आधुनिक डिजिटल प्लेटफॉर्म पहले से ही विकसित किया जा चुका है। मेरा आप सभी से आग्रह रहेगा कि इस प्रोजेक्ट को जल्द-से-जल्द अडॉप्ट करें। अब हमें अपनी कार्यप्रणाली में ज्यादा-से-ज्यादा टेक्नोलॉजी के इस्तेमाल, पेपरलेस तौर-तरीकों पर बल देना चाहिए।

देश को संविधान सौंपते समय संविधान सभा इस बात को लेकर एकमत थी कि आने वाले भारत में बहुत सी बातें परंपराओं से भी स्थापित होंगी। संविधान सभा चाहती थी कि आने वाली पीढ़ियाँ ये सामर्थ्य दिखाएँ और नई परंपराओं को अपने साथ जोड़ती चलें। हमें अपने संविधान के शिल्पियों की इस भावना का भी ध्यान रखना है। पीठासीन अधिकारी क्या नया कर सकते

हैं, कौन सी नई नीति जोड़ सकते हैं, इस दिशा में भी कुछ-न-कुछ कंट्रीब्यूट करेंगे तो देश के लोकतंत्र को एक नई ताकत मिलेगी।

विधानसभा की चर्चाओं के दौरान जनभागीदारी कैसे बढ़े, आज की युवा पीढ़ी कैसे जुड़े, इस बारे में भी सोचा जा सकता है। अभी दर्शक दीर्घाओं में लोग आते हैं, चर्चा भी देखते हैं, लेकिन इस प्रक्रिया को बहुत नियोजित तरीके से भी किया जा सकता है। जिस विषय की चर्चा हो, उस विषय के अगर संबंधित लोग उस दिन वहाँ रहें तो ज्यादा लाभ होगा। जैसे शिक्षा से जुड़ा कोई विषय हो तो विद्यार्थियों को, शिक्षकों को, यूनिवर्सिटी के लोगों को बुलाया जा सकता है। सामाजिक सरोकार से जुड़ा कोई अन्य विषय हो तो उससे संबंधित समूह को बुलाया जा सकता है। महिलाओं से संबंधित कोई विषय की चर्चा हो तो उनको बुलाया जा सकता है।

इसी तरह कॉलेजों में भी मॉक पार्लियामेंट को बढ़ावा देकर हम इसको प्रचारित कर सकते हैं और हम स्वयं भी उससे जुड़ सकते हैं। कल्पना करिए, यूनिवर्सिटी के छात्रों की संसद् हो और आप खुद उसे संचालित करें। इससे विद्यार्थियों को कितनी प्रेरणा मिलेगी, कितना कुछ नया सीखने को मिलेगा। ये मेरे सुझाव भर हैं, आपके पास वरिष्ठता भी है, आपके पास अनुभव भी है। मुझे विश्वास है कि ऐसे अनेक प्रयासों से हमारी विधायी व्यवस्थाओं पर जनता का विश्वास और मजबूत होगा।

(संविधान दिवस 26 नवंबर, 2020 को केवड़िया में देशभर के पीठासीन अधिकारियों को संबोधन)

□

अनावश्यक कानूनों का खात्मा जरूरी

"मैं आज आह्वान कर रहा हूँ और बड़े आग्रह से कर रहा हूँ, केंद्र हो या राज्य, सभी के विभागों से मैं कह रहा हूँ, सभी सरकारी कार्यालयों से कह रहा हूँ। अपने यहाँ नियमों और प्रक्रियाओं की समीक्षा का अभियान चलाइए। हर वह नियम, हर वह प्रक्रिया, जो देश के लोगों के सामने बाधा बनकर, बोझ बनकर खड़ी हुई है, उसे हमें दूर करना ही होगा।"

पहले के समय सरकार खुद ही ड्राइविंग सीट पर बैठ गई थी। ये उस समय की शायद माँग रही होगी। लेकिन अब समय बदल चुका है। बीते सात वर्षों में देश में इसके लिए प्रयास भी बढ़ा है कि देश के लोगों को अनावश्यक कानूनों के जाल, अनावश्यक प्रक्रियाओं के जाल से मुक्ति दिलाई जाए। अब तक देश के सैकड़ों पुराने कानूनों को समाप्त किया जा चुका है। कोरोना के इस कालखंड में भी सरकार ने 15 हजार से ज्यादा कंप्लाइंसेज (बाध्यताओं) को समाप्त किया है। अब आप देखिए, आपको भी अनुभव होगा, कोई एक छोटा सरकारी काम हो, ढेर सारे कागज, बार-बार कागज, एक ही जानकारी अनेक बार, यही चलता रहा है। 15 हजार बाध्यताओं को हमने खत्म किया है।

आप सोचिए,…एक उदाहरण मैं देना चाहता हूँ, 200 साल पहले हमारे यहाँ एक कानून चला आ रहा है, यानी 1857 से भी पहले से, जिसकी वजह से देश के नागरिक को मैपिंग यानी नक्शा बनाने की स्वतंत्रता नहीं थी। अब

विचार कीजिए, 1857 से चल रहा है, नक्शा बनाना है तो सरकार को पूछिए, नक्शा किसी पुस्तक में छापना है तो सरकार से पूछिए, नक्शा खो जाने पर गिरफ्तारी का भी उसमें प्रावधान है। आजकल हर फोन में मैप का ऐप है। सैटेलाइट की इतनी ताकत है कि फिर ऐसे कानूनों का बोझ सिर पर लेकर देश को आगे कैसे बढ़ाएँगे हम! कंप्लाइंसेज का ये बोझ उतरना बहुत जरूरी है। मैपिंग की बात हो, स्पेस की बात हो, इन्फॉरमेशन टेक्नोलॉजी की बात हो, बी.पी.ओ. की बात हो, जैसे अनेक सेक्टरों में बहुत सारे रेगुलेशंस को हमने समाप्त कर दिया है।

बेवजह के कानूनों की जकड़ से मुक्ति 'ईज ऑफ लिविंग' के साथ-साथ 'ईज ऑफ डूइंग बिजनेस' दोनों के लिए बहुत ही जरूरी है। हमारे देश के उद्योग और व्यापार आज इस बदलाव को महसूस कर रहे हैं।

आज दर्जनों श्रम कानून सिर्फ 4 कोड में समा चुके हैं। टैक्स से जुड़ी व्यवस्थाओं को भी अब आसान और पेपरलेस किया गया है। इस तरह के रिफॉर्म सिर्फ सरकार तक सीमित न रहे, बल्कि ग्राम पंचायत और नगर निगमों, नगरपालिकाओं तक पहुँचे, इस पर देश की हर व्यवस्था को मिलकर काम करना होगा। मैं आज आह्वान कर रहा हूँ और बड़े आग्रह से कर रहा हूँ, केंद्र हो या राज्य सभी के विभागों से मैं कह रहा हूँ, सभी सरकारी कार्यालयों से कह रहा हूँ। अपने यहाँ नियमों और प्रक्रियाओं की समीक्षा का अभियान चलाइए। हर वह नियम, हर वह प्रक्रिया, जो देश के लोगों के सामने बाधा बनकर, बोझ बनकर खड़ी हुई है, उसे हमें दूर करना ही होगा। मुझे पता है, जो ये 70-75 साल में जमा हुआ है, वो एक दिन में या एक साल में नहीं जाएगा; लेकिन मन बनाकर काम शुरू करेंगे तो हम ऐसा जरूर कर पाएँगे।

(स्वाधीनता दिवस, 2021 लालकिले की प्राचीर से)

□

देशवासियों को जगाने की जरूरत है

"जापान में एक प्रयोग हुआ था। जापान में देखा गया कि कुछ पॉलिटिकल फैमिली ही व्यवस्था में चल रहे हैं। वहाँ किसी ने बीड़ा उठाया था कि वो नागरिकों को तैयार करेंगे, जिससे पॉलिटिकल फैमिली के बाहर के लोग निर्णय प्रक्रिया में आएँ। बड़ी सफलतापूर्वक तीस-चालीस साल लगे, लेकिन करना पड़ा। लोकतंत्र को समृद्ध करने के लिए हमें भी, हमारे देश में ऐसी चीजों को जानने की आवश्यकता है, देशवासियों को जगाने की आवश्यकता है।"

आज का दिवस बाबासाहब आंबेडकर, डॉ. राजेंद्र प्रसाद जैसे दूरंदेशी महानुभावों को नमन करने का है। आज का दिवस इस सदन को प्रणाम करने का है, क्योंकि इसी पवित्र जगह पर महीनों तक भारत के विद्वज्जन ने, एक्टिविस्टों ने देश के उज्ज्वल भविष्य के लिए व्यवस्थाओं को निर्धारित करने के लिए मंथन किया था। उसमें से संविधान रूपी अमृत हमें प्राप्त हुआ है, जिसने आजादी के इतने लंबे कालखंड के बाद हमें यहाँ पहुँचाया है। आज पूज्य बापू को भी हमें नमन करना है। आजादी की जंग में जिन-जिन लोगों ने अपना बलिदान दिया, अपना जीवन खपाया, उन सबको भी नमन करने का यह अवसर है। आज 26 नवंबर का दिन हमारे लिए एक ऐसा दु:खद दिवस भी है, जब देश के दुश्मनों ने देश के

भीतर आकर मुंबई में वहशी आतंकवादी घटना[1] को अंजाम दिया। भारत के संविधान में सूचित सामान्य मानवता की रक्षा की जिम्मेदारी के तहत तब हमारे अनेक वीर जवानों ने उन आतंकवादियों से लोहा लेते हुए अपने आप को समर्पित कर दिया। उन्होंने अपना सर्वोच्च बलिदान दिया। मैं आज 26 नवंबर को उन सभी बलिदानियों को भी आदरपूर्वक नमन करता हूँ।

कभी हम सोचें कि आज अगर हमारे सामने संविधान-निर्माण करने की नौबत होती तो क्या होता? आजादी के आंदोलन की छाया, देशभक्ति की ज्वाला, भारत विभाजन की विभीषिका के बावजूद देशहित में सुप्रीम है, हर एक के हृदय में यही मंत्र था। विविधताओं से भरा हुआ यह देश, अनेक भाषाएँ, अनेक बोलियाँ, अनेक पंथ, अनेक राजे-रजवाड़ों के बावजूद संविधान के माध्यम से पूरे देश को एक बंधन में बाँधकर उसे आगे बढ़ाने के लिए योजना बनाना आज के संदर्भ में देखें तो पता नहीं संविधान का एक पेज भी हम पूरा कर पाते अथवा नहीं? मैं उन महानुभावों को प्रणाम इसलिए करना चाहूँगा, क्योंकि उनके अपने भी विचार होंगे। उनके विचारों की भी अपनी धारा होगी। उस धारा में धार भी होगी। फिर भी राष्ट्रहित सुप्रीम होने के नाते सबने मिल-बैठकर एक सर्वसम्मत संविधान दिया।

हमारा संविधान सिर्फ अनेक धाराओं का संग्रह नहीं है। हमारा संविधान सहस्रों वर्ष की भारत की महान् परंपरा, अखंड धारा और उस धारा की आधुनिक अभिव्यक्ति है। इसलिए हमारे लिए लेटर एंड स्प्रिट में संवैधानिक व्यवस्था के साथ जनप्रतिनिधि के रूप में ग्राम पंचायत से लेकर संसद् तक दायित्व निभाने हैं। हमें संविधान के लेटर ऐंड स्प्रिट के समर्पित भाव से ही अपने आप को हमेशा सजग रखना होगा। जब हम ये करते हैं तो संविधान की भावनाओं को कहाँ चोट पहुँच रही है, उसको भी हम नजरअंदाज नहीं कर सकते हैं। इसलिए संविधान दिवस को हमें इसलिए भी मनाना चाहिए कि हम जो कुछ भी कर रहे हैं, वो संविधान के प्रकाश में है। हमारा रास्ता सही है कि गलत है, हर वर्ष संविधान दिवस मनाकर हमें अपने आप का

1. मुंबई में 26 नवंबर, 2008 को आतंकवादियों ने दो पंचसितारा होटलों और एक अस्पताल सहित कई जगहों पर हमला कर दिया था। विभिन्न समाचार पत्रों के अनुसार, उन हमलों में 166 से अधिक लोगों ने अपनी जान गँवाई।

मूल्यांकन करना चाहिए। अच्छा होता कि देश आजाद होने के बाद 26 जनवरी को 'प्रजासत्ता (गणतंत्र) पर्व' की शुरुआत के साथ हमें 26 नवंबर को संविधान दिवस के रूप में देश में मनाने की भी परंपरा बनानी चाहिए थी। ऐसा होने से संविधान पर चर्चा चलती रहती। संविधान बना कैसे? कौन लोग थे, जिन्होंने इसे बनाया? किन परिस्थितियों में बना? क्यों बना? हमें

संविधान कहाँ ले जाता है? कैसे ले जाता है? किसके लिए ले जाता है? इन सारी बातों की हर वर्ष अगर चर्चा होती, दुनिया में एक जीवंत इकाई के रूप में जो संविधान माना है, एक सामाजिक दस्तावेज के रूप में जिसकी पहचान है, विविधता भरे देश के लिए यह एक बहुत बड़ी ताकत के रूप में पीढ़ी-दर-पीढ़ी अवसर के रूप में काम आता। लेकिन कुछ लोग इससे चूक गए। जब बाबासाहब आंबेडकर की 150वीं जयंती थी, उससे बड़ा पवित्र अवसर क्या हो सकता है कि बाबासाहब आंबेडकर ने जो बहुत बड़ा नजराना दिया है, उसको हम हमेशा-हमेशा के लिए याद करने का फैसला लें। मुझे याद है, जब 2015 में सदन में इस विषय पर मैं बोल रहा था, बाबासाहब आंबेडकर की 150वीं जयंती के मौके पर इस काम की घोषणा करते समय भी विरोध हुआ था। आज ही नहीं हो रहा है। उस दिन भी पूछा गया था कि 26 नवंबर कहाँ से ले आए, क्यों कर रहे हो, क्या जरूरत थी। बाबासाहब आंबेडकर का नाम हो और आपके मन में ऐसा भाव उठे, यह देश अब सुनने के लिए तैयार नहीं है। आज बाबासाहब आंबेडकर जैसे मनुष्यों ने देश को जो दिया है, इसका बड़ा दिल रखकर खुले मन से पुनः स्मरण करने की तैयारी न होना, एक चिंता का विषय है।

भारत एक संवैधानिक-लोकतांत्रिक परंपरा है। राजनैतिक दलों का अपना एक अहम महत्त्व है। राजनैतिक दल भी हमारे संविधान की भावनाओं को जन-जन तक पहुँचाने का एक प्रमुख माध्यम हैं। लेकिन संविधान की भावनाओं को चोट भी पहुँची है। संविधान की एक-एक धारा को चोट पहुँची है। जब राजनैतिक दल अपने आप में अपना लोकतांत्रिक कैरेक्टर खो देते हैं। जो दल स्वयं लोकतांत्रिक कैरेक्टर खो चुके हों, वे लोकतंत्र की रक्षा कैसे कर सकते हैं। आज देश में कश्मीर से कन्याकुमारी, हिंदुस्तान के हर कोने में जाइए, भारत एक ऐसे संकट की तरफ बढ़ रहा है, जो संविधान को समर्पित लोगों के लिए चिंता का विषय है। लोकतंत्र के प्रति आस्था रखने वालों के लिए चिंता का विषय है, और वे हैं पारिवारिक पार्टियाँ, पार्टी ऑफ द फैमिली, अब आगे कहने की जरूरत मुझे नहीं लगती है। कश्मीर से कन्याकुमारी तक सभी राजनैतिक दलों की तरफ देखिए, यह लोकतंत्र

की भावनाओं के खिलाफ है। संविधान हमें जो कहता है, उसके विपरीत है। जब मैं यह कहता हूँ कि पारिवारिक पार्टियाँ, इसका मतलब मैं यह नहीं कहता हूँ कि एक परिवार में से एक से अधिक लोग राजनीति में न आएँ। योग्यता के आधार पर, जनता के आशीर्वाद से किसी परिवार से एक से अधिक लोग राजनीति में जाएँ, इससे पार्टी परिवारवादी नहीं बन जाती है। लेकिन जो पार्टी पीढ़ी-दर-पीढ़ी एक ही परिवार चलाता रहे, पार्टी की सारी व्यवस्था परिवारों के पास रहे, वह स्वस्थ लोकतंत्र के लिए संकट होता है। आज संविधान दिवस पर, संविधान में विश्वास करने वाले, संविधान को समझने वाले, संविधान को समर्पित सभी देशवासियों से मैं आग्रह करूँगा कि देश में एक जागरूकता लाने की आवश्यकता है।

जापान में एक प्रयोग हुआ था। जापान में देखा गया कि कुछ पॉलिटिकल फैमिली ही व्यवस्था में चल रहे हैं। वहाँ किसी ने बीड़ा उठाया था कि वो नागरिकों को तैयार करेंगे, जिससे पॉलिटिकल फैमिली के बाहर के लोग निर्णय प्रक्रिया में आएँ। बड़ी सफलतापूर्वक तीस-चालीस साल लगे, लेकिन करना पड़ा। लोकतंत्र को समृद्ध करने के लिए हमें भी, हमारे देश में ऐसी चीजों को जानने की आवश्यकता है, देशवासियों को जगाने की आवश्यकता है। इसी प्रकार से क्या हमारा संविधान भ्रष्टाचार को अनुमति देता है? कानून है, नियम है, लेकिन चिंता तब होती है कि जब न्यापालिका ने किसी को अगर भ्रष्टाचारी घोषित कर दिया हो, जिसे भ्रष्टाचार के लिए सजा हो चुकी हो, उसका भी राजनैतिक स्वार्थ के कारण महिमामंडन चलता रहे। भ्रष्टाचार को नजरअंदाज कर सिद्ध हुई हकीकतों के बावजूद राजनैतिक लाभ के लिए सारी मर्यादाओं को तोड़कर, उनके साथ बैठना-उठना शुरू हो जाता है। ऐसे में देश के नौजवानों के मन में लगता है कि इस प्रकार से राजनीति के क्षेत्र में नेतृत्व करने वाले लोग भ्रष्टाचार में डूबे हुए लोगों की प्राण प्रतिष्ठा कर रहे हैं। मतलब, उनको भी वो रास्ता मिल जाता है कि भ्रष्टाचार के रास्ते पर चलना बुरा नहीं है, दो-चार साल के बाद लोग स्वीकार कर लेते हैं। क्या हमें ऐसी समाज-व्यवस्था खड़ी करनी है? हाँ, भ्रष्टाचार के कारण कोई गुनाह सिद्ध हो चुका है तो सुधरने के लिए मौका

जरूर दिया जाए। इससे अलग ऐसे लोगों को सार्वजनिक जीवन में प्रतिष्ठा देने की जो स्पर्धा चल पड़ी है, मैं समझता हूँ कि यह अपने आप में नए लोगों को लूट के रास्तों पर बढ़ने की प्रेरणा देती है। इसलिए हमें इससे चिंतित होने की जरूरत है। यह आजादी का 75वाँ साल है। यह अमृतकाल है। देश जिस स्थिति से गुजरा था, अंग्रेज भारत के नागिरकों के अधिकारों को कुचलने पर लगे हुए थे और उसके कारण हिंदुस्तान के नागरिकों को उनके अधिकार मिले, उसके लिए लड़ना बहुत स्वाभाविक था।

महात्मा गांधी के नेतृत्व में हर कोई भारत के नागरिकों के अधिकार के लिए लड़ता रहा। साथ ही यह भी सही है कि महात्मा गांधी ने आजादी के आंदोलन में भी अधिकारों के लिए लड़ते-लड़ते, देश को कर्तव्य के लिए भी तैयार करने की लगातार कोशिश की थी। उन्होंने भारत के नागरिकों में उस बीज को बोने की लगातार कोशिश की थी कि सफाई करो, प्रौढ़ शिक्षा को बढ़ावा दो, नारी का सम्मान करो, नारी गौरव करो, नारी को एम्पॉवर करो, खादी पहनो, स्वदेशी का विचार, आत्मनिर्भरता का विचार जैसे कर्तव्यों की तरफ महात्मा गांधी लगातार देश को तैयार करते रहे। महात्मा गांधी ने कर्तव्यों के जो बीज बोए थे, वो आजादी के बाद वटवृक्ष बन जाने चाहिए थे। लेकिन दुर्भाग्य से शासन-व्यवस्था ऐसी बनी कि उसने अधिकार की ही बातें करके लोगों को ऐसी व्यवस्था में रखा कि हम हैं तो आपके अधिकार पूरे होंगे। अच्छा होता, यदि देश के आजाद होने के बाद कर्तव्य पर बल दिया गया होता। तब अधिकारों की अपने आप रक्षा होती। कर्तव्यों से दायित्व का बोध होता है, कर्तव्य से समाज के प्रति एक जिम्मेदारी का बोध होता है। अधिकार से कभी-कभी एक याचकवृत्ति पैदा होती है कि मुझे मेरा अधिकार मिलना चाहिए, यानी समाज को कुंठित करने की कोशिश होती है। कर्तव्य के भाव से सामान्य मानव के जीवन में एक भाव होता है कि यह मेरा दायित्व है, मुझे इसको निभाना है, मुझे इसको करना है। जब मैं कर्तव्य का पालन करता हूँ तो अपने आप किसी-न-किसी के अधिकार की रक्षा हो जाती है। किसी के अधिकार का सम्मान हो जाता है, किसी के अधिकार का गौरव हो जाता है, और उसके कारण कर्तव्य भी बनते

हैं और अधिकार भी चलते हैं। ऐसे ही स्वस्थ समाज की रचना होती है।

आजादी के अमृत महोत्सव में हमारे लिए बहुत आवश्यक है कि हम कर्तव्यों के माध्यम से अधिकारों की रक्षा के रास्ते पर चल पड़ें। कर्तव्य वह पथ है, जिसमें अधिकार की गारंटी है। कर्तव्य वह पथ है, जो अधिकार-सम्मान के साथ दूसरे को भी स्वीकृत करता है, उसके हक को देता है। इसलिए आज जब हम संविधान दिवस मना रहे हैं, तब हमारे भीतर भी यही भाव निरंतर जगता रहे कि हम कर्तव्य पथ पर चलते रहें। कर्तव्य को जितनी अधिक निष्ठा और तपस्या के साथ हम निभाएँगे, हर किसी के अधिकारों की भी रक्षा होगी।

आजादी के दीवानों ने जिन सपनों को लेकर भारत को बनाया था, उन सपनों को पूरा करने का सौभाग्य आज हम लोगों को मिला है। हम लोगों को मिलकर उन सपनों को पूरा करने में कोई कसर नहीं छोड़नी चाहिए। बाबासाहब आंबेडकर की एक गरिमा होती है, संविधान की एक गरिमा होती है। हम सब उन महान् पुरुषों से प्रार्थना करें कि वो हमें शिक्षा दें, ताकि हम बाबासाहब आंबेडकर और संविधान का गौरव बनाए रखें।

(26 नवंबर, 2021 को संसद् के संयुक्त सत्र को संबोधन)

□

संविधान सभा का पहला दिन

"आज जब हम अपनी संविधान सभा की ऐतिहासिक बैठक के 75 वर्ष पूरे कर रहे हैं तो मैं अपने युवा मित्रों से आग्रह करूँगा कि वे इस गौरवशाली सभा की कार्यवाही के बारे में और इसमें शामिल होने वाले प्रतिष्ठित दिग्गजों के बारे में अधिक जानें।"

"आज से 75 साल पहले हमारी संविधान सभा की पहली बैठक हुई थी। भारत के अलग-अलग हिस्सों, अलग-अलग पृष्ठभूमि और यहाँ तक कि अलग-अलग विचारधाराओं के गण्यमान्य लोग एक लक्ष्य के लिए एक साथ आए। वह लक्ष्य था—भारत के लोगों को एक योग्य संविधान देना। उन महानुभावों को नमन।"

आज जब हम अपनी संविधान सभा की ऐतिहासिक बैठक के 75 वर्ष पूरे कर रहे हैं तो मैं अपने युवा मित्रों से आग्रह करूँगा कि वे इस गौरवशाली सभा की कार्यवाही के बारे में और इसमें शामिल होने वाले प्रतिष्ठित दिग्गजों के बारे में अधिक जानें। ऐसा करना बौद्धिक रूप से समृद्ध अनुभव होगा।

09 दिसंबर, 2021 को संविधान सभा की पहली बैठक
(09 दिसंबर, 1946) की 75वीं सालगिरह पर ट्वीट

□

अमृतकाल में संविधान

"आज संविधान दिवस पर मैं सरकार की व्यवस्थाओं से, देश की न्यायपालिका से एक आग्रह भी करूँगा। आज के युवाओं में संविधान को लेकर समझ और बढ़े, इसके लिए यह जरूरी है कि वह संवैधानिक विषयों पर डिबेट्स और डिस्कशनंस का हिस्सा बनें। जब हमारा संविधान बना, तब देश के सामने क्या परिस्थितियाँ थीं, संविधान सभा की बहसों में उस समय क्या हुआ था, हमारे युवाओं को इन सब विषयों की जानकारी होनी चाहिए। इससे उनकी संविधान को लेकर दिलचस्पी और बढ़ेगी। इससे युवाओं में इक्वलिटी और एम्पॉवरमेंट जैसे विषयों को समझने का विजन पैदा होगा।"

आप सभी देशवासियों को 'संविधान दिवस' की हार्दिक शुभकामनाएँ! 1949 में, यह आज का ही दिन था, जब स्वतंत्र भारत ने अपने लिए एक नए भविष्य की नींव डाली थी। इस बार का संविधान दिवस इसलिए भी विशेष है, क्योंकि भारत ने अपनी आजादी के 75 वर्ष पूरे किए हैं, हम सभी अमृत महोत्सव मना रहे हैं।

मैं आधुनिक भारत का सपना देखने वाले बाबासाहब आंबेडकर समेत संविधान सभा के सभी सदस्यों को, सभी संविधान निर्माताओं को आदरपूर्वक नमन करता हूँ। बीते सात दशकों में संविधान की विकास और विस्तार यात्रा

में लेजिस्लेचर, जुडिशियरी और एक्जीक्यूटिव के अनगिनत लोगों का भी योगदान रहा है। मैं इस अवसर पर देश की ओर से उन सबके प्रति कृतज्ञता व्यक्त करता हूँ।

आज 26 नवंबर मुंबई आतंकी हमले का दिन भी है। 14 वर्ष पहले जब भारत अपने संविधान और अपने नागरिकों के अधिकारों का पर्व मना रहा था, उसी दिन मानवता के दुश्मनों ने भारत पर सबसे बड़ा आतंकवादी हमला किया था। मुंबई आतंकी हमले में जिनकी मृत्यु हुई, मैं उन्हें अपनी श्रद्धांजलि अर्पित करता हूँ।

आज की वैश्विक परिस्थितियों में पूरे विश्व की नजर भारत पर है। भारत के तेज विकास, भारत की तेजी से बढ़ती हुई अर्थव्यवस्था और भारत की मजबूत होती अंतरराष्ट्रीय छवि के बीच दुनिया हमें बहुत उम्मीदों से देख रही है। एक ऐसा देश, जिसके बारे में आशंका जताई जाती थी कि वो अपनी आजादी बरकरार नहीं रख पाएगा, जिसके बारे में कहा जाता था कि वो बिखर जाएगा, आज पूरे सामर्थ्य से, अपनी सारी विविधताओं पर गर्व करते हुए, यह देश आगे बढ़ रहा है। और इन सबके पीछे, हमारी सबसे बड़ी ताकत हमारा संविधान है।

हमारे संविधान के प्रीएंबल की शुरुआत में जो 'वी द पीपल' लिखा है, ये सिर्फ तीन शब्द नहीं हैं। 'वी द पीपल' एक आह्वान है, एक प्रतिज्ञा है, एक विश्वास है। संविधान में लिखी ये भावना, उस भारत की मूल भावना है, जो दुनिया में लोकतंत्र की जननी रहा है, मदर ऑफ डेमोक्रेसी रहा है। यही भावना हमें वैशाली के गणराज्य में भी दिखती है, वेद की ऋचाओं में भी दिखती है।

महाभारत में भी कहा गया है—

लोकरु-जनम् एव अत्र, राज्ञां धर्मः सनातनः।
सत्यस्य रक्षणं चैव, व्यवहारस्य चार्जवम्॥

अर्थात् लोक को, यानी नागरिकों को सुखी रखना, सच्चाई के साथ खड़े होना और सरल व्यवहार, यही राजा का व्यवहार होना चाहिए। आधुनिक संदर्भ में भारत के संविधान ने देश की इन सभी सांस्कृतिक और नैतिक भावनाओं को समाहित किया हुआ है।

मुझे संतोष है कि आज देश 'मदर ऑफ डेमोक्रेसी' के रूप में अपने इन प्राचीन आदर्शों को और संविधान की भावना को लगातार मजबूत कर रहा है। प्रो पीपल पॉलिटिक्स की ताकत से आज देश और देश का गरीब, देश

की माताएँ-बहनें, उनका सशक्तीकरण हो रहा है। सामान्य मानव के लिए आज कानूनों को सरल बनाया जा रहा है। टाइमली जस्टिस के लिए हमारी जुडिशियरी भी लगातार कई सार्थक कदम उठा रही है। आज भी सुप्रीम कोर्ट द्वारा शुरू किए गए ई-इनिशिएटिव को लॉन्च करने का अवसर मुझे मिला है। इस शुरुआत के लिए और 'ईज ऑफ जस्टिस' के प्रयासों के लिए मैं आप सभी को बधाई देता हूँ।

इस बार 15 अगस्त को लालकिले से मैंने कर्तव्य की बात पर बल दिया था। ये हमारे संविधान की ही भावना का प्रकटीकरण है। महात्मा गांधी कहते थे कि 'हमारे अधिकार हमारे वो कर्तव्य हैं, जिन्हें हम सच्ची इंटिग्रिटी और डेडिकेशन के साथ पूरा करते हैं'। आज अमृतकाल में, जब हम आजादी के 75 वर्ष पूर्ण करके अगले 25 वर्षों की यात्रा शुरू कर रहे हैं तो संविधान का ये मंत्र देश के लिए एक संकल्प बन रहा है।

आजादी का यह अमृतकाल देश के लिए कर्तव्य है। चाहे व्यक्ति हों या संस्थाएँ, हमारे दायित्व ही आज हमारी पहली प्राथमिकता हैं। अपने कर्तव्य पथ पर चलते हुए ही हम देश को विकास की नई ऊँचाई पर ले जा सकते हैं। आज भारत के सामने नित नए अवसर बन रहे हैं, भारत हर चुनौती को पार करते हुए आगे बढ़ रहा है।

एक सप्ताह के बाद भारत को जी-20 की प्रेसीडेंसी भी मिलने वाली है। ये बहुत बड़ा अवसर है। हम सभी टीम इंडिया के रूप में विश्व में भारत की प्रतिष्ठा को बढ़ाएँ, भारत का योगदान विश्व के सामने लेकर जाएँ, ये भी हम सभी का सामूहिक दायित्व है। भारत की 'मदर ऑफ डेमोक्रेसी' के तौर पर जो पहचान है, हमें उसे और सशक्त करना है।

हमारे संविधान की एक और विशेषता है, जो आज के युवा भारत में और भी प्रासंगिक हो गई है। हमारे संविधान निर्माताओं ने हमें एक ऐसा संविधान दिया है, जो ओपेन है, फ्युचरिस्ट है, और अपने आधुनिक विजन के लिए जाना जाता है। इसलिए स्वाभाविक तौर पर, हमारे संविधान की स्पिरिट, यूथ सेंटरिक है।

आज स्पोर्ट्स हों या स्टार्टअप्स, इन्फॉर्मेशन टेक्नोलॉजी हो या डिजिटल

पेमेंट्स, भारत के विकास के हर आयाम में युवाशक्ति अपना परचम लहरा रही है। हमारे संविधान और संस्थाओं के भविष्य की जिम्मेदारी भी हमारे इन युवाओं के कंधों पर ही है।

इसलिए आज संविधान दिवस पर मैं सरकार की व्यवस्थाओं से, देश की न्यायपालिका से एक आग्रह भी करूँगा। आज के युवाओं में संविधान को लेकर समझ और बढ़े, इसके लिए यह जरूरी है कि वह संवैधानिक विषयों पर डिबेट्स और डिस्कशन्स का हिस्सा बनें। जब हमारा संविधान बना, तब देश के सामने क्या परिस्थितियाँ थीं, संविधान सभा की बहसों में उस समय क्या हुआ था, हमारे युवाओं को इन सब विषयों की जानकारी होनी चाहिए। इससे उनकी संविधान को लेकर दिलचस्पी और बढ़ेगी। इससे युवाओं में इक्वलिटी और एंपॉवरमेंट जैसे विषयों को समझने का विजन पैदा होगा।

उदाहरण के तौर पर हमारी संविधान सभा में 15 महिला सदस्य थीं। और उनमें एक दक्षायिनी वेलायुधन वो महिला थीं, जो एक प्रकार से वंचित समाज से निकल करके वहाँ तक पहुँची थीं। उन्होंने दलितों, मजदूरों से जुड़े कई विषयों पर महत्त्वपूर्ण इंटरवेंशंस किए। दुर्गाबाई देशमुख, हंसा मेहता, राजकुमारी अमृतकौर, ऐसे ही और कई महिला सदस्यों ने भी महिलाओं से जुड़े विषयों पर अहम योगदान दिया था। इनके योगदान की चर्चा कम ही हो पाती है।

जब हमारे युवा इन्हें जानेंगे तो उन्हें अपने सवालों का जवाब भी मिलेगा। इससे संविधान के प्रति जो निष्ठा पैदा होगी, वो हमारे लोकतंत्र को, हमारे संविधान को और देश के भविष्य को मजबूत करेगी। आजादी के अमृतकाल में, ये भी देश की एक अहम जरूरत है। मुझे आशा है, संविधान दिवस इस दिशा में हमारे संकल्पों को और अधिक ऊर्जा देगा।

(26 नवंबर, 2022 को सर्वोच्च न्यायालय में आयोजित संविधान दिवस आयोजन में)

□

चरैवेति-चरैवेति

"आज के ही दिन 18 जून को मूल संविधान के पहले संशोधन पर तत्कालीन राष्ट्रपति राजेंद्र प्रसादजी ने हस्ताक्षर किए थे, यानी आज का दिन हमारे संविधान की लोकतांत्रिक गतिशीलता का पहला दिन था। इसी दिन आज हम संविधान को एक विशेष दृष्टि से देखने वाली इस पुस्तक का लोकार्पण कर रहे हैं। यही हमारे संविधान की सबसे बड़ी ताकत है, जो हमें विचारों की विविधता और तथ्य-सत्य के अन्वेषण की प्रेरणा देती है।....'भारतीय संविधान : अनकही कहानी', यह पुस्तक देश के इसी अभियान को एक नई ताकत देने का काम करेगी।"

हमारे यहाँ सामान्य जनमानस को प्रेरणा देने के लिए ऋषियों ने मंत्र दिया था—'चरैवेति-चरैवेति'। एक पत्रकार के लिए तो ये मंत्र नए विचारों की खोज और समाज के सामने कुछ नया लाने की लगन, यही उसकी सहज साधना होती है। मुझे खुशी है कि रामबहादुर रायजी जिस तरह अपनी लंबी जीवन-यात्रा में इस साधना में लगे रहे हैं, आज उसकी एक और सिद्धि हम सबके सामने है। मैं आशा करता हूँ कि 'भारतीय संविधान : अनकही कहानी' पुस्तक अपने शीर्षक को चरितार्थ करेगी और देश के सामने संविधान को और भी व्यापक रूप में प्रस्तुत करेगी।

आप सभी देश के बौद्धिक वर्ग का प्रतिनिधित्व करने वाले लोग हैं।

स्वाभाविक है कि आपने इस पुस्तक के लोकार्पण के लिए समय और दिन भी खास चुना है। यह समय देश की आजादी के अमृत महोत्सव का है। आज के ही दिन 18 जून को मूल संविधान के पहले संशोधन पर तत्कालीन राष्ट्रपति राजेंद्र प्रसादजी ने हस्ताक्षर किए थे। यानी, आज का दिन हमारे संविधान की लोकतांत्रिक गतिशीलता का पहला दिन था। इसी दिन आज हम संविधान को एक विशेष दृष्टि से देखने वाली इस पुस्तक का लोकार्पण कर रहे हैं। यही

हमारे संविधान की सबसे बड़ी ताकत है, जो हमें विचारों की विविधता और तथ्य-सत्य के अन्वेषण की प्रेरणा देती है।

हमारा संविधान आजाद भारत की ऐसी परिकल्पना के रूप में हमारे सामने आया था, जो देश की कई पीढ़ियों के सपनों को साकार कर सके। संविधान निर्माण के लिए संविधान सभा की पहली बैठक 9 दिसंबर, 1946 को हुई थी, यानी आजादी से भी कई महीने पहले! इस बैठक के पीछे एक बड़ा ऐतिहासिक संदर्भ था, समय और परिस्थितियाँ थीं। आप सब इतिहास और संविधान के जानकार लोग उससे परिचित हैं। लेकिन मैं इसके पीछे एक भावनात्मक पहलू को भी देखता हूँ। अनिश्चितताओं से भरा वो कालखंड, कई चुनौतियों से जूझ रहा हमारा स्वतंत्रता आंदोलन, लेकिन फिर भी हमारे देश का आत्मविश्वास कितना अडिग रहा होगा कि उसे अपनी आजादी, अपने स्वराज को लेकर पूरा भरोसा था। आजादी मिलने से इतना पहले ही देश ने आजादी की तैयारी शुरू कर दी थी, अपने संविधान की रूपरेखा के लिए विमर्श शुरू कर दिया था। यह दिखाता है कि भारत का संविधान केवल एक पुस्तक नहीं है, यह एक विचार है, एक निष्ठा है, स्वतंत्रता का एक विश्वास है।

आजादी के अमृत महोत्सव में देश आज स्वतंत्रता आंदोलन के अनकहे अध्यायों को सामने लाने के लिए सामूहिक प्रयास कर रहा है। जो सेनानी अपना सर्वस्व अर्पण करने के बाद भी विस्मृत रह गए, जो घटनाएँ आजादी की लड़ाई को नई दिशा देने के बाद भी भुला दी गईं, और जो विचार आजादी की लड़ाई को ऊर्जा देते रहे, फिर भी आजादी के बाद हमारे संकल्पों से दूर हो गए, देश आज उन्हें फिर से एक सूत्र में पिरो रहा है, ताकि भविष्य के भारत में अतीत की चेतना और मजबूत हो सके। इसलिए आज देश के युवा अनकहे इतिहास पर शोध कर रहे हैं, पुस्तकें लिख रहे हैं। अमृत महोत्सव के तहत अनेक कार्यक्रम हो रहे हैं। 'भारतीय संविधान : अनकही कहानी', यह पुस्तक देश के इसी अभियान को एक नई ताकत देने का काम करेगी। आजादी के इतिहास के साथ-साथ हमारे संविधान के अनकहे अध्याय देश के युवाओं को एक नई सोच देंगे, उनके विमर्श को व्यापक बनाएँगे। पुस्तक

के कुछ पन्ने पलट रहा था तो मैंने कई रोचक बातें और विचार देखे। जैसे कि इस पुस्तक में एक जगह पर लेखक ने लिखा है—"भारत के संविधान के इतिहास को स्वतंत्रता संग्राम की लुप्तधारा मान लिया गया है, लेकिन ऐसा नहीं है।" संविधान से परिचित होना हर नागरिक का कर्तव्य है। पुस्तक की शुरुआत में ये भी लिखा है कि संविधान को लेकर रामबहादुर रायजी की विशेष रुचि उस समय जगी थी, जब मीसा में उन्हें जेल में बंद किया गया था। यानी संविधान ने उन्हें अपने अधिकारों से परिचित कराया और जब वे इसकी गहराई में उतरे तो उन्होंने संविधान के बोध की पहचान नागरिक कर्तव्य के रूप में की। अधिकार और कर्तव्यों का ये तालमेल ही हमारे संविधान को इतना खास बनाता है। हमारे अधिकार हैं तो कर्तव्य भी हैं, और कर्तव्य हैं तो ही अधिकार भी उतने ही मजबूत होंगे। इसलिए आजादी के अमृतकाल में आज देश कर्तव्यबोध की बात कर रहा है, कर्तव्यों पर इतना जोर दे रहा है।

जब हम कोई नए संकल्प लेकर निकलते हैं तो हमारी जानकारी ही हमारी जागरूकता बनती है। बोध ही हमारा प्रबोध कराता है। इसलिए एक राष्ट्र के रूप में हम संविधान के सामर्थ्य का उतना ही विस्तृत उपयोग कर पाएँगे, जितना हम अपने संविधान को गहराई से जानेंगे। हमारे संविधान की अवधारणा को किस तरह से गांधीजी ने एक नेतृत्व दिया, सरदार पटेल ने धर्म के आधार पर पृथक् निर्वाचन प्रणाली को खत्म करके भारतीय संविधान को सांप्रदायिकता से मुक्त कराया, डॉ. आंबेडकर ने संविधान की उद्देशिका में बंधुता का समावेश करके 'एक भारत श्रेष्ठ भारत' को आकार दिया और किस तरह डॉ. राजेंद्र प्रसाद जैसे विद्वानों ने संविधान को भारत की आत्मा से जोड़ने का प्रयास किया, ये पुस्तक ऐसे अनकहे पहलुओं से हमें परिचित कराती है। ये सभी पहलू हमें इस बात के लिए दिशा भी देंगे कि हमारे भविष्य की दिशा क्या होनी चाहिए।

भारत स्वभाव से ही एक मुक्त-विचार देश रहा है। जड़ता हमारे मूल स्वभाव का हिस्सा नहीं है। संविधान सभा के गठन से लेकर उसकी बहसों तक, संविधान को अपनाने से लेकर आज के इस मुकाम तक, हमने लगातार एक गतिशील और प्रगतिशील संविधान के दर्शन किए हैं। हमने तर्क किए हैं,

सवाल उठाए हैं, बहसें की हैं, बदलाव किए हैं। मुझे पूरा भरोसा है कि यही निरंतरता हमारे जन-गण में, और जन-मन में लगातार बनी रहेगी। हम सतत शोध करते रहेंगे, पहले से बेहतर भविष्य को गढ़ते रहेंगे। आप सब प्रबुद्ध लोग इसी तरह देश की इस गतिशीलता को नेतृत्व देते रहेंगे। इसी विश्वास के साथ आप सभी को बहुत बहुत धन्यवाद!

(पत्रकार रामबहादुर राय की पुस्तक 'भारतीय संविधान : अनकही कहानी' के लोकार्पण पर, 18 जून, 2022)

□

सबका साथ, तभी सबका विकास

राष्ट्र निर्माण में जब सबका साथ होता है, तभी सबका विकास भी हो पाता है। मुझे संतोष है कि संविधान निर्माताओं की उसी दूरदृष्टि का पालन करते हुए अब भारत की संसद ने 'नारी शक्ति वंदन अधिनियम' को पास किया है। 'नारी शक्ति वंदन अधिनियम' हमारे लोकतंत्र की संकल्पशक्ति का उदाहरण है। यह विकसित भारत के हमारे संकल्प को गति देने के लिए भी उतना ही सहायक होगा।

26 नवंबर का दिन एक और वजह से भी अत्यंत महत्त्वपूर्ण है। सन् 1949 में आज ही के दिन संविधान सभा ने भारत के संविधान को अंगीकार किया था। मुझे याद है, जब सन् 2015 में हम बाबासाहब आंबेडकर की 125वीं जन्म जयंती मना रहे थे, उसी समय यह विचार आया था कि 26 नवंबर को 'संविधान दिवस' के रूप में मनाया जाए और तब से हर साल आज के इस दिन को हम संविधान दिवस के रूप में मनाते आ रहे हैं। मैं सभी देशवासियों को संविधान दिवस की बहुत-बहुत शुभकामनाएँ देता हूँ और हम सब मिलकर नागरिकों के कर्तव्य को प्राथमिकता देते हुए विकसित भारत के संकल्प को जरूर पूरा करेंगे।

साथियो, हम सभी जानते हैं कि संविधान के निर्माण में 2 वर्ष 11 महीने 18 दिन का समय लगा था। श्री सच्चिदानंद सिन्हाजी संविधान सभा के सबसे बुजुर्ग सदस्य थे। 60 से ज्यादा देशों के संविधानों का अध्ययन और लंबी चर्चा

के बाद हमारे संविधान का ड्राफ्ट तैयार हुआ था। ड्राफ्ट तैयार होने के बाद उसे अंतिम रूप देने से पहले उसमें 2 हजार से अधिक संशोधन फिर किए गए थे। सन् 1950 में संविधान लागू होने के बाद भी अब तक कुल 106 बार संविधान संशोधन किया जा चुका है। समय, परिस्थिति, देश की आवश्यकता को देखते हुए अलग-अलग सरकारों ने अलग-अलग समय पर संशोधन किए। लेकिन यह भी दुर्भाग्य रहा कि संविधान का पहला संशोधन 'फ्रीडम ऑफ स्पीच' और 'फ्रीडम ऑफ एक्सप्रेशन' के अधिकारों में कटौती करने के लिए हुआ था। वहीं संविधान के 44वें संशोधन के माध्यम से इमरजेंसी के दौरान की गई गलतियों को सुधारा गया था।

यह भी बहुत प्रेरक है कि संविधान सभा के कुछ सदस्य मनोनीत किए गए थे, जिनमें से 15 महिलाएँ थीं। ऐसी ही एक सदस्य हंसा मेहताजी ने महिलाओं के अधिकार और न्याय की आवाज बुलंद की थी। उस दौर में भारत उन कुछ देशों में था, जहाँ महिलाओं को संविधान से वोटिंग का अधिकार दिया गया। राष्ट्र-निर्माण में जब सबका साथ होता है, तभी सबका विकास भी हो पाता है। मुझे संतोष है कि संविधान निर्माताओं की उसी दूरदृष्टि का पालन करते हुए अब भारत की संसद ने 'नारी शक्ति वंदन अधिनियम' को पास किया है। 'नारी शक्ति वंदन अधिनियम' हमारे लोकतंत्र की संकल्प शक्ति का उदाहरण है। यह विकसित भारत के हमारे संकल्प को गति देने के लिए भी उतना ही सहायक होगा।

(26 नवंबर, 2023 को 'मन की बात' से)

□

संसद् की गरिमा का प्रश्न

"एक व्यापक चर्चा है कि संसद् में वे लोग जाते हैं, जिनका क्रिमिनल बैकग्राउंड होता है। पाँच हों, सात हों, दस हों, लेकिन एक छवि बनी हुई है। ये हम लोगों की सामूहिक जिम्मेवारी है कि हम इस कलंक से इन दोनों सदनों को मुक्त करें। कलंक से मुक्त करने का एक अच्छा उपाय है कि हम सब मिलकर तय करें, सुप्रीम कोर्ट से अनुरोध करें कि अभी जितने हमारे सदस्य हैं, उनमें से किसी पर भी यदि एफ.आई.आर. हुई है तो ऐसी न्यायिक प्रक्रिया अपनाई जाए कि एक साल के भीतर-भीतर दूध का दूध और पानी का पानी हो जाए। जो गुनहगार हो, वह जेल चला जाए, जो निर्दोष हों, वे बेदाग होकर दुनिया के सामने खड़े हो जाएँ।"

हम मानें या न मानें, देश में हमारे सदनों की गरिमा पर चोट हुई है। एक व्यापक चर्चा है कि संसद् में वे लोग जाते हैं, जिनका क्रिमिनल बैकग्राउंड होता है। पाँच हों, सात हों, दस हों, लेकिन एक छवि बनी हुई है। ये हम लोगों की सामूहिक जिम्मेवारी है कि हम इस कलंक से इन दोनों सदनों को मुक्त करें। कलंक से मुक्त करने का एक अच्छा उपाय है कि हम सब मिलकर तय करें, सुप्रीम कोर्ट से अनुरोध करें कि अभी जितने हमारे सदस्य हैं, उनमें से किसी पर भी यदि एफ.आई.आर. हुई है तो ऐसी न्यायिक प्रक्रिया

अपनाई जाए कि एक साल के भीतर-भीतर दूध का दूध और पानी का पानी हो जाए। जो गुनहगार हो, वह जेल चला जाए, जो निर्दोष हों, वे बेदाग होकर दुनिया के सामने खड़े हो जाएँ। क्यों राजनीतिक कारणों से इतने गुनाह रजिस्टर होते हैं, कई निर्दोष लोग मारे जाते हैं? हम देश और दुनिया को बताएँ कि कम-से-कम 2015 के अंदर हम एक ऐसे हिंदुस्तान को सदन में देखेंगे, चाहे

वह लोकसभा हो या राज्यसभा हो, जहाँ पर बैठा हुआ कोई व्यक्ति ऐसा नहीं होगा, जिस पर कोई दाग लगा होगा। हम एक और शुरुआत कर सकते हैं। अगर हम इस प्रकार से एक बार लोकसभा को बेदाग कर दें तो राजनीतिक दलों को भी टिकटें देते समय 50 बार सोचना पड़ेगा। अगर हम एक साल के भीतर यह सफाई कर देते हैं तो सीटें खाली होने लगेंगी, कोई हिम्मत नहीं करेगा। यह क्रम बाद में विधानसभाओं में ले जाया जाए और धीरे-धीरे नगर निगमों में ले जाया जाए। जब एक बार माहौल बन जाएगा और वह सर्वसम्मति से बनेगा तो हम राजनीति को अपराधीकरण से मुक्त कर सकते हैं। इसलिए राष्ट्रपतिजी के अभिभाषण में इस बात का भी उल्लेख किया गया है। मैं नहीं मानता हूँ कि कोई ऐसा भी होगा, जो इससे मुक्ति न चाहता हो। जिस पर एफ.आई.आर. होगी, वह भी कहेगा—साहब, यह तलवार 15 साल से लटक रही है, हर बार मुझे नामांकन करते समय लिखना पड़ता है, हर बार एन.जी.ओ. के द्वारा अखबार में छपता है कि इसके ऊपर 30 गुनाह हैं, इसके ऊपर 25 गुनाह हैं। इससे हर कोई मुक्ति चाहता है।

मैं मानता हूँ कि सभी सदस्य, चाहे वे लोकसभा के हों, राज्यसभा के हों, ये सब मिलकर इस बात के लिए सहयोग करेंगे और हम उस दिशा में सुप्रीम कोर्ट की मदद लेकर जो गुनहगार हैं, उनके लिए जेल हो, जो बेगुनाह हैं, वे बेदाग होकर दुनिया के सामने प्रस्तुत हों, उसकी व्यवस्था हमें करनी चाहिए। इन दो सदनों में वह सामर्थ्य है कि ये उस काम को कर सकते हैं। ऐसे अनेक विषय हैं।

हम लोग यहाँ से शुरुआत करें और उसके बाद बाकी हो जाएगा। लेकिन मैं आपकी भावना का आदर करता हूँ कि कोई बचना नहीं चाहिए। कानून का राज होना चाहिए, बेगुनाहों को सुरक्षा मिलनी चाहिए और गुनहगारों को सजा मिलनी चाहिए। इसलिए तो अभी दो साल से ब्लैक मनी के लिए एस.आई.टी. बनाना लटक रहा था, हमने आते ही उस काम को कर दिया, क्योंकि यह हमारी प्राथमिकता है। हममें से कोई नहीं जानता कि वे ब्लैक मनी वाले कौन हैं, लेकिन देश की जनता के सामने यह सत्य आना जरूरी है कि ब्लैक मनी है या नहीं है और है तो किसकी है, कितनी है, कैसे आई और कहाँ गई।

देश को पता तो चले और अगर नहीं है तो देश से इस प्रकार का धुआँ हट जाएगा। देश एक शांति का आनंद लेगा। इसलिए ऐसे कामों में कोताही बरते बिना हिम्मत के साथ आगे बढ़ना चाहिए। अगर हम आगे बढ़ते हैं तो देश के सामान्य व्यक्ति की संसद् के प्रति श्रद्धा बढ़ेगी और सरकारी व्यवस्था में वह भरोसा करने लेगा।

(11 जून, 2014 को राज्यसभा में राष्ट्रपति के अभिभाषण पर धन्यवाद प्रस्ताव के दौरान)

□

संसद् से अपेक्षाएँ

"लोग भारत की संसद् से बहुत अपेक्षाएँ कर रहे हैं। कभी-कभी संसद् के अंदर जो हम अवार्ड देते हैं, उसका जनता में भी सर्वे किया जाना चाहिए कि इस सत्र में जनता ने संसद् को कैसे लिया और बड़े प्रोफेशनल-वे में जन-अभिप्राय प्रकट करने चाहिए। सामान्य जन पूरी संसद् को किस रूप में देख रहे हैं, इसका आकलन हो सकता है कि हम जहाँ हैं, उससे आगे बढ़ने की हमें प्रेरणा मिल सके।"

लोग भारत की संसद् से बहुत अपेक्षाएँ कर रहे हैं। कभी-कभी संसद् के अंदर जो हम अवार्ड देते हैं, उसका जनता में भी सर्वे किया जाना चाहिए कि इस सत्र में जनता ने संसद् को कैसे लिया और बड़े प्रोफेशनल-वे में जन-अभिप्राय प्रकट करने चाहिए। सामान्य जन पूरी संसद् को किस रूप में देख रहे हैं, इसका आकलन हो सकता है कि हम जहाँ हैं, उससे आगे बढ़ने की हमें प्रेरणा मिल सके। हो सके तो भारत के सभी विधानसभाओं के स्पीकर को बुलाकर यही परंपरा राज्यों में भी कैसे आरंभ हो, इस पर विचार हो। इसके लिए मैं समझता हूँ कि अच्छाई की दिशा में हम एक कदम जरूर उठा सके हैं। जब मैं विधानसभा में था, तब भी और संसद् में कुछ समय से आया हूँ तब भी, एक कमी मुझे महसूस हो रही है। पहले जो पुस्तकों में पढ़ते थे या पुराने लोगों से सुनते थे तो हमारे विधानसभा हों या संसद् का सदन हो, व्यंग्य और विनोद बहुत मुखर होकर प्रकट होता था। इन दिनों व्यंग्य और विनोद

करीब–करीब हमारी संसद् से खत्म होता जा रहा है। इसका एक कारण यह भी है कि एक कहावत कोई बोल दे तो पता नहीं 24 घंटे वाले चैनल उसका क्या अर्थ निकालेंगे और 24 घंटे क्या चर्चा करेंगे। तो बोलने वाला डर जाता है। मैं यह मानता हूँ कि इसके लिए गंभीरता से सोचना होगा।

मैंने पुरानी बातें सुनी हैं। दो–तीन घटनाएँ तो मुझे याद हैं। एक बार शायद आजादी के 50 वर्ष का कार्यक्रम था और मैं सदन को सुनने के लिए आया था। किसी विषय पर डिबेट चल रहा था और शायद शरद पवारजी का भाषण चल रहा था। सुषमाजी ने मजाक में कहा कि मुझे समझ नहीं आ रहा है कि शरद पवार हैं कि ललिता पवार। मैंने उस दृश्य को जिस प्रकार से देखा, जिस प्रकार से शरद पवारजी ने उसको एन्जॉय किया, उसमें एक पवित्र माहौल दिखता था।

हमारी संसद् में सहज व्यंग्य और तीखापन हो सकता है, लेकिन तीखापन न प्रभाव पैदा कर सकता है और न प्रेरणा पैदा कर सकता है। इसका मतलब यह नहीं है कि हर चीज मधुरता से ही हो, लेकिन समय की माँग है कि संसद् की हर बात आने वाली पीढ़ियों के लिए प्रेरक बने। संसद् के हर वाक्य का अपना एक मूल्य है, उसमें कभी गिरावट नहीं आनी चाहिए। यह जिम्मेदारी हम सबकी सामूहिक है।

(12 अगस्त, 2014 को 'उत्कृष्ट सांसद सम्मान' प्रदान करने के अवसर पर)

□

लोकतंत्र का अर्थ

"लोकतंत्र, यह सिर्फ सरकार चुनने का सीमित मायना नहीं है। लोकतंत्र में सवा सौ करोड़ नागरिक और सरकार कंधे से कंधा मिलाकर देश की आशा-आकांक्षाओं की पूर्ति के लिए काम करें, यह लोकतंत्र का मायना है। हमें जन-भागीदारी करनी है। 'पब्लिक प्राइवेट पार्टनरशिप' के साथ आगे बढ़ना है। हमें जनता को जोड़कर आगे बढ़ना है।"

यह देश पुरातन सांस्कृतिक धरोहर की उस नींव पर खड़ा है, जहाँ पर वेदकाल में हमें एक ही मंत्र सुनाया जाता है, जो हमारी कार्य संस्कृति का परिचय है। हम सीखते आए हैं, पुनःस्मरण करते आए हैं—"संगच्छध्वम् संवदध्वम् सं वो मनांसि जानताम्।"[1] हम साथ चलें, मिलकर चलें, मिलकर सोचें, मिलकर संकल्प करें और मिलकर हम देश को आगे बढ़ाएँ। इस मूल मंत्र को लेकर सवा सौ करोड़ देशवासियों ने देश को आगे बढ़ाया है। कल ही नई सरकार की प्रथम संसद् के सत्र का समापन हुआ। मैं आज गर्व से कहता हूँ कि संसद् का सत्र हमारी सोच की पहचान है, हमारे इरादों की अभिव्यक्ति है। हम बहुमत के बलपर चलने वाले लोग नहीं हैं, हम बहुमत के बल पर आगे बढ़ना नहीं चाहते हैं। हम सहमति के मजबूत धरातल पर आगे बढ़ना चाहते हैं। 'संगच्छध्वम्' इस पूरे संसद् के कार्यकाल को देश ने देखा होगा। सभी दलों को साथ लेकर, विपक्ष को जोड़कर, कंधे से कंधा

---

1. ऋग्वेद से

मिलाकर चलने में हमें अभूतपूर्व सफलता मिली है और उसका यश सिर्फ प्रधानमंत्री और सिर्फ सरकार में बैठे हुए लोगों को नहीं जाता है, बल्कि प्रतिपक्ष को भी जाता है। गर्व के साथ मैं इन सभी सांसदों का अभिवादन करता हूँ। सभी राजनीतिक दलों का भी अभिवादन करता हूँ, जहाँ सहमति के मजबूत धरातल पर राष्ट्र को आगे ले जाने के महत्त्वपूर्ण निर्णय कर हमने संसद् के सत्र का समापन किया।

मैंने पहले ही कहा है, मैं सभी पूर्व प्रधानमंत्रियों, पूर्व सरकारों का अभिवादन करता हूँ, जिन्होंने देश को यहाँ तक पहुँचाया।···मैंने जब दिल्ली आ करके एक इनसाइडर व्यू देखा तो मैंने अनुभव किया, मैं चौंक गया। ऐसा लगा, जैसे एक सरकार के अंदर भी दर्जनों अलग-अलग सरकारें चल रही हैं। हरेक की जैसे अपनी-अपनी जागीरें बनी हुई हैं। मुझे बिखराव नजर आया, मुझे टकराव नजर आया। एक डिपार्टमेंट दूसरे डिपार्टमेंट से भिड़ रहा है और यहाँ तक भिड़ रहा है कि सुप्रीम कोर्ट के दरवाजे खटखटाकर एक ही सरकार के दो डिपार्टमेंट आपस में लड़ाई लड़ रहे हैं। यह बिखराव, यह टकराव, एक ही देश के लोग! हम देश को कैसे आगे बढ़ा सकते हैं? इसलिए मैंने कोशिश प्रारंभ की है, उन दीवारों को गिराने की, मैंने कोशिश प्रारंभ की है कि सरकार एक असेंबल्ड एंटिटी नहीं, लेकिन एक ऑर्गेनिक यूनिटी बने, ऑर्गेनिक एंटिटी बने। एकरस हो सरकार—एक लक्ष्य, एक मन, एक दिशा, एक गति, एकमति—इस मुकाम पर हम देश को चलाने का संकल्प करें। हम चल सकते हैं।

आज वैश्विक स्पर्धा में कोटि-कोटि भारतीयों के सपनों को साकार करना होगा तो यह 'होती है', 'चलती है' से देश नहीं चल सकता। जन-सामान्य की आशा-आकांक्षाओं की पूर्ति के लिए शासन व्यवस्था नाम का जो पुर्जा है, जो मशीन है, उसको और धारदार बनाना है, और तेज बनाना है, और गतिशील बनाना है और उस दिशा में हम प्रयास कर रहे हैं। मैं देशवासियों को विश्वास दिलाता हूँ कि सरकार में बैठे हुए लोगों का सामर्थ्य बहुत है—चपरासी से लेकर कैबिनेट सेक्रेटरी तक हर कोई सामर्थ्यवान है, हरेक की एक शक्ति है, उसका अनुभव है। मैं उस शक्ति को जगाना चाहता हूँ, मैं उस शक्ति को जोड़ना चाहता हूँ और उस शक्ति के माध्यम से राष्ट्र कल्याण की गति को तेज करना चाहता हूँ और मैं करके रहूँगा। यह हम पाकर रहेंगे, हम करके रहेंगे, यह मैं देशवासियों को विश्वास दिलाना चाहता हूँ और यह मैं 16 मई को नहीं कह सकता था, लेकिन आज दो-ढाई महीने के अनुभव के बाद मैं 15 अगस्त को तिरंगे झंडे के साक्ष्य से कह रहा हूँ, यह संभव है, यह होकर रहेगा।

लोकतंत्र, यह सिर्फ सरकार चुनने का सीमित मायना नहीं है। लोकतंत्र में सवा सौ करोड़ नागरिक और सरकार कंधे से कंधा मिलाकर देश की आशा-आकांक्षाओं की पूर्ति के लिए काम करें, यह लोकतंत्र का मायना है। हमें जन-भागीदारी करनी है। 'पब्लिक प्राइवेट पार्टनरशिप' के साथ आगे बढ़ना है। हमें जनता को जोड़कर आगे बढ़ना है।

(लालकिले की प्राचीर से (15 अगस्त, 2014) संबोधन का अंश)

□

एक देश-एक चुनाव

"एक प्रामाणिक पवित्रता से हम बहस करें और मिल-बैठकर कोई रास्ता खोजें। मुझे लगता है कि हम इसे आगे बढ़ाने में सफल हो सकते हैं। हमने ऐसे बहुत से फैसले किए हैं, जो दुनिया के बहुत से देशों को अजूबा लगता है। लगता है कि इतनी पार्टियाँ, फिर भी ऐसे फैसले? लेकिन ये इसी सदन में बैठे हुए लोगों ने किए हैं। वे श्रेष्ठ निर्णय आने वाली पीढ़ियों के लाभ के लिए हैं।"

मेरा मत है कि यह सरकार का काम नहीं है और न ही ये किसी दल का काम है। यह देश का काम है और सबके बराबर का काम है। इसके पहले जब प्रणव दा राष्ट्रपति थे, तब उन्होंने भी इसका उल्लेख किया था। पहले भी कई लोगों ने इस पर अपने विचार रखे हैं और वह है—लोकसभा और विधानसभा के चुनाव एक साथ करवाना। यह ठीक है कि जो राज्यसभा में आते हैं, उनके मुकाबले जो लोकसभा में आते हैं, यह चुनाव की आपाधापी क्या होती है, उन्हें पता है। सोचना होगा कि इस मामले में एक स्वस्थ परंपरा हो, क्योंकि भारत का लोकतंत्र काफी मजबूत हुआ है। हम सब हिम्मत कर क्या स्वस्थ परंपरा में जा सकते हैं?

एक साथ चुनाव का दौर 1967 तक चला है। उसमें एक दो अपवाद हो सकते हैं, लेकिन यह चला है। इससे उस समय किसी को तकलीफ भी नहीं हुई। बाद में किसी-न-किसी राजनीतिक कारण से असंतुलन पैदा हुआ।

आज हम देखते हैं कि एक चुनाव पूरा हुआ और दूसरे की तैयारी शुरू हो जाती है। उसका दबाव केंद्र सरकार के साथ राज्य सरकार पर भी होता है। संघीय ढाँचे का एक सुखद वातावरण होना चाहिए। चुनाव के चार छह महीने हों, यह हम समझ सकते हैं कि तू-तू, मैं-मैं में चला जाए। लेकिन चार-साढ़े चार साल तो हम मिल बैठकर देश के लिए काम कर सकें। हमारी पूरी शक्ति

काम में लगे, उस दिशा में हमें काम करना चाहिए। मैं चाहता हूँ कि इस पर एक व्यापक चर्चा हो।

आप देखेंगे कि जब लोकसभा का चुनाव होगा तो चार राज्य उसके साथ जुड़े होंगे—आंध्र, तेलंगाना, अरुणाचल और उड़ीसा। हम भली-भाँति जानते हैं कि कठिनाइयाँ क्या हैं। लोकसभा चुनाव 2009 में करीब-करीब एक हजार करोड़ रुपए खर्च हुए। यह खर्च 2014 में करीब चार हजार करोड़ रुपए पहुँच गया। एक हजार से चार हजार करोड़। इतना ही नहीं, 2014 के बाद जो विधानसभा चुनाव हुए हैं, उन पर करीब तीन हजार करोड़ रुपए खर्च हुए हैं।

हम कल्पना कर सकते हैं कि भारत जैसे देश में जहाँ बहुत कुछ पहुँचाना हमारी जिम्मेदारी है, चुनावों में हमारे यहाँ नौ लाख 30 हजार पोलिंग स्टेशनों पर एक करोड़ से ज्यादा लोगों की ड्यूटी लगती है। बहुत बड़ी संख्या में सुरक्षाकर्मी चुनाव प्रबंधन में ही लगे रहते हैं और हमारा पूरा तंत्र बस उसी काम में जुटा रहता है। इसमें मतभेद हो सकते हैं, लेकिन तर्क की चर्चा तू-तू, मैं-मैं से न हो। एक प्रामाणिक पवित्रता से हम बहस करें और मिल-बैठकर कोई रास्ता खोजें। मुझे लगता है कि हम इसे आगे बढ़ाने में सफल हो सकते हैं। हमने ऐसे बहुत से फैसले किए हैं, जो दुनिया के बहुत से देशों को अजूबा लगते हैं। लगता है कि इतनी पार्टियाँ, फिर भी ऐसे फैसले? लेकिन ये इसी सदन में बैठे हुए लोगों ने किए हैं। वे श्रेष्ठ निर्णय आने वाली पीढ़ियों के लाभ के लिए हैं। मैं समझता हूँ कि एक बार फिर दोनों सदन में बैठे हुए सभी महानुभाव के सामने सौभाग्य प्राप्त हुआ है कि हम इसे करें।

(07 फरवरी, 2018 को राष्ट्रपति के अभिभाषण पर राज्यसभा में धन्यवाद प्रस्ताव के दौरान)

□

ऑल इंडिया जुडिशियल सर्विस बननी चाहिए

"ऑल इंडिया जुडिशियल सर्विस का गठन विवादों में रहा है। लेकिन लोकतंत्र का यह मूलभूत पिंड है। लोकतंत्र के लिए जरूरी है—वाद, विवाद और संवाद। चर्चा होनी चाहिए और बहस भी होनी चाहिए। सरदार साहब ने जिस व्यवस्था को खड़ा किया था, उसको आगे कई लोगों ने बढ़ाया था। इस देश के दलित, पीड़ित, शोषित, वंचित, गरीब, उपेक्षित समाज के एकदम नीचे के तबके से आने वाले व्यक्ति को भी इस व्यवस्था में आने का अवसर मिल सकता है? क्या ऐसी कोई व्यवस्था बन सकती है?"

आज 31 अक्तूबर को दिल्ली हाईकोर्ट की स्थापना के पचास साल पूरे हो गए। आज भारत की एकता के लिए जीवन खपाने वाले सरदार वल्लभभाई पटेल की जयंती भी है। महात्मा गांधी के अनन्य सहयोगी होने के नाते जन-सामान्य को अधिकार के लिए आंदोलित करना उनका स्वभाव था। एक बैरिस्टर के नाते भी वह जिंदगी गुजार सकते थे। वह भी शायद इस परिवेश में अच्छे-से-अच्छा कॅरियर बना सकते थे, लेकिन देश की आवश्यकता के लिए बैरिस्टर के नाते जिंदगी गुजारने की बजाय देश के लिए अपना सबकुछ न्योछावर करने के लिए निकल पड़े। सरदार साहब की एक बहुत बड़ी सेवा है—आजाद हिंदुस्तान की शासकीय व्यवस्था को भारतीयता

का रूप देना, यानी ऑल इंडिया सिविल सर्विस जैसी व्यवस्था को विकसित करना। इसे उनका बहुत बड़ा कंट्रीब्यूशन मैं मान सकता हूँ। हम देख रहे हैं कि भारत जैसे विविधताओं से भरे देश में ऑल इंडिया सिविल सर्विस की इस व्यवस्था के कारण किसी-न-किसी रूप में एक तंतु जुड़ा रहता है और एक सेतु बना रहता है। जिले में बैठा हुआ अफसर भी, उसकी ट्रेनिंग ऐसी हुई है कि वह राष्ट्रीय परिवेश में चीजों को तौलता है। वह सोचता है और निर्णय प्रक्रिया में अपनी भूमिका अदा करता है। ऑल इंडिया सिविल सर्विस के सपनों को अलग-अलग रूपों में देखा गया और धीरे-धीरे कई वर्ग होते गए और व्यवस्थाएँ बनती गईं। ऑल इंडिया जुडिशियल सर्विस का गठन विवादों में रहा है। लेकिन लोकतंत्र का यह मूलभूत पिंड है। लोकतंत्र के लिए जरूरी है—वाद, विवाद और संवाद। चर्चा होनी चाहिए और बहस भी होनी चाहिए। सरदार साहब ने जिस व्यवस्था को खड़ा किया था, उसको आगे कई लोगों ने बढ़ाया था। इस देश के दलित, पीड़ित, शोषित, वंचित, गरीब, उपेक्षित समाज के एकदम नीचे के तबके से आने वाले व्यक्ति को भी इस व्यवस्था में आने का अवसर मिल सकता है? क्या ऐसी कोई व्यवस्था बन सकती है?

अब पहले के जमाने की तुलना में न्याय का दायरा विस्तृत हो चुका है, ग्लोबल हो चुका है। शायद तीस साल पहले किसी ने सोचा भी नहीं होगा कि आज उसका दायरा इतना बढ़ेगा और तरह-तरह की समस्याएँ अदालत के सामने आएँगी। टेक्नोलॉजी ने दुनिया में अपनी जगह बनाई है तो चुनौतियाँ भी बढ़ी हैं। चुनौतियों से भागना इनसान का स्वभाव नहीं होता है। उनका स्वभाव होता है—चुनौतियों से रास्ता खोजना, केपेबिलिटी बढ़ाना और अगर टेक्नोलॉजी की आवश्यकता है तो उसको जोड़ना। आज हम जब पचास साल इस व्यवस्था के मना रहे हैं तो पचास साल के अनुभव के आधार पर हम आने वाले समय के लिए अपना रोड मैप बना सकते हैं, लेकिन इसे मिलकर बनाना पड़ेगा। किसी एक जगह से ये चीजें हो नहीं सकतीं। इस देश के पास सामर्थ्य है। रास्ते खोजे जा सकते हैं और खोजे जाने का अविरल प्रयास भी चलते रहना चाहिए। किसी भी चीज के दरवाजे बंद नहीं किए जा सकते और तभी जाकर बदलाव संभव होता है।

यह बात सही है कि अदालतों में जो लोग बैठे हैं, उन्हीं के प्रयासों से और उन्हीं के कंट्रीब्यूशन से वैकल्पिक व्यवस्था को बल मिला है। गरीब लोग वहाँ चले जाते हैं। उनको संतोष होता है कि मुझे न्याय मिल गया। दिल्ली हाईकोर्ट की रिपोर्ट में हमने देखा कि उसमें बाहर का भी कंट्रीब्यूशन है। जुडिशियरी में बैठे हुए लोगों का भी कंट्रीब्यूशन है। वे अपने काम के समय के

अलावा भी इस काम को कर रहे हैं। इसके कारण गरीब इनसान को भी बहुत लाभ हो रहा है। इससे एक अवेयरनेस भी आएगी। लेकिन अवेयरनेस को हमें और अधिक बढ़ाना पड़ेगा और सामान्य लोगों को शिक्षित करना होगा। जितना ज्यादा शिक्षित कर पाएँगे, उतना लाभ होगा। ज्यादातर जुडिशियरी का समय हम लोगों के बीच ही जाता है। मतलब कि मोदी नहीं, सरकार सबसे बड़ा लिटिगेंट होती है। हर मसले पर सरकार भिड़ती रहती है। मैं सरकार के लोगों को कहता हूँ—एक टीचर अपने हक के लिए कोर्ट में गया। उसको न्याय मिला और वह जीत गया। उसी प्रकार के दस हजार टीचर्स के मसले लटके पड़े हैं। उसको आधार बनाकर दस हजार को पूरा करो न। आप जुडिशियरी का बोझ क्यों बढ़ा रहे हो? लेकिन पता नहीं, उनके दिमाग में पड़ नहीं रहा है। उनको लगता है कि वो इंडिविजुअल मसला था और कानून के दायरे में इंडिविजुअल मसले को हम फिट नहीं कर सकते। पता नहीं, मैं इन सारी बारीकियों को नहीं जानता हूँ, लेकिन मैं सोच रहा हूँ कि इस बोझ को कम कैसे किया जाए। दूसरा मैंने देखा है, शायद आज से पच्चीस-तीस साल पहले राजनीति इतनी मीडिया आधारित नहीं थी। उसके कारण संसद् में जो बहस होती थी, खासकर विधि-निर्माण को लेकर, वह संविधान के प्रकाश में और जन-सामान्य के हितों के मद्देनजर होती थी। आज जब हम सदन में चर्चा करते हैं तो उसका एक रूप होता है—कौन सरकार ले आई है। उसके आधार पर तय होगा कि सामने वाला क्या कहेगा। अगर हम वहाँ बैठे तो हम ऐसा बोलेंगे। हम यहाँ बैठे तो दूसरा बोलेंगे। हमारा मसला स्टैंडिंग कमेटी में जाता है तो वह मीडिया में रिपोर्ट नहीं होता है। वहाँ सब मिलकर तय करते हैं। समय की माँग है कि जितने अच्छे कानून हम बना पाएँगे, उतना ही हम न्याय की सबसे बड़ी सेवा कर पाएँगे। मैंने देखा है कि इन दिनों नेशनल लॉ यूनिवर्सिटीज में होनहार बच्चे पढ़ने के लिए आ रहे हैं। पहले तो रूटीन कॉलेज में पढ़ते थे और फिर बाद में लॉ करने जाते थे। इन दिनों इसको एक प्रोफेशन के रूप में स्वीकार करते हैं। ये देखा जा रहा है कि बहुत ही टेलेंटेड युवा आज इन विश्वविद्यालयों से निकल रहे हैं। उनमें जितना ड्राफ्टिंग कैपेसिटी का दायरा हम बनाएँगे, हम उतने अच्छे कानून बना पाएँगे। कानून में बदलाव लाना है तो

उस दायरे में भी वह आएगा। तो डिस्क्रिमिनेशन का या इंटरप्रिटेशन का स्कोप कम होता जाएगा। जब इंटरप्रिटेशन और डिस्क्रिमिनेशन का दायरा कम हो जाता है, तब अपने आप ब्लैक ऐंड व्हाइट पढ़कर तय हो सकता है कि यह मेरे हक का है और मिलकर रहेगा। दुविधा नहीं होगी। लेकिन ये कमी आज भी महसूस होती है। हम सबको मिलकर इसको पूरा करना होगा। अगर इसको हम कर पाएँगे तो देश की सेवा अच्छे तरीके से कर पाएँगे।

(31 अक्तूबर, 2016 को दिल्ली उच्च न्यायालय की स्वर्ण जयंती के अवसर पर)

□

सम्मान करें संवैधानिक संस्थाओं का

"अपनी विफलता ई.वी.एम. पर...मैं तो हैरान हूँ, देश बजट की चर्चा करता है और ये ई.वी.एम. का रोना रो रहे हैं। आप इतने डरे हुए क्यों हैं? क्या हो गया है आप लोगों को?"

इस देश का चुनाव आयोग विश्व के लिए गौरव का केंद्र बन सकता है। छोटी-मोटी शिकायतें रहने के बाद भी सभी राजनीतिक दल चुनाव आयोग के निर्णयों को मान करके चल रहे हैं। क्या हम उसको भी बरबाद करके रहेंगे? हम आज इसे बरबाद करने में लगे हुए हैं, क्या हम उस दिशा में भी कुछ कर सकते हैं? अपनी विफलता ई.वी.एम. पर···मैं तो हैरान हूँ, देश बजट की चर्चा करता है और ये ई.वी.एम. का रोना रो रहे हैं। आप इतने डरे हुए क्यों हैं? क्या हो गया है आप लोगों को?

न्यायपालिका को कांग्रेस धमकाती है, जिस प्रकार से न्यायपालिका के निर्णयों पर कांग्रेस से जुड़े हुए लोग बयानबाजी कर रहे हैं, पहले कभी ऐसा नहीं हुआ। न्यायपालिका का निर्णय अच्छा हो, बुरा हो, लेकिन उसका सम्मान इसलिए किया जा रहा है, क्योंकि यह इंस्टीट्यूशन आखिर बचानी पड़ेगी। हमें पसंद न हों तो कुछ भी बोल दें, कुछ भी बुलवा लें, कुछ भी लिखवा दें। आपने पूरी न्यायपालिका को डराने के लिए महाभियोग के नाम से पूरी व्यवस्था को हिलाने की कोशिश की है और आप हमें कह रहे हैं।

यह कांग्रेस पार्टी है, जिसने योजना आयोग को 'बंच ऑफ जोकर्स' कहा था। आज आप योजना आयोग के इतने गीत गा रहे थे, उसी को

आपके एक भूतपूर्व प्रधानमंत्री ने जोकरों का समूह कहा था। एक शब्द पकड़ लिया···लेकिन अपना तो कारोबार देखो जरा। 356 का दुरुपयोग करीब–करीब 100 बार आपने किया। चुनी हुई सरकारों को आपने बरखास्त कर दिया। श्रीमती इंदिरा गांधी ने अकेले 50 बार सरकारों को गिराया। यह 2019 किस घटना की एनीवर्सरी है, याद करें। मैं केरल के मित्रों से कहना चाहता हूँ। 1959 में जब नेहरूजी प्रधानमंत्री थे और इंदिराजी कांग्रेस की अध्यक्ष थीं, वे केरल गई थीं। पता नहीं क्या देखा, क्या–क्या पाया, क्या सुना, आते ही केरल की कम्युनिस्टों की चुनी हुई सरकार को बरखास्त कर दिया।[1] आप संस्थाओं के मान–सम्मान की बात करते हो। आपने एन.टी. आर. के साथ क्या किया?

(07 फरवरी, 2019 को लोकसभा में राष्ट्रपति के अभिभाषण पर धन्यवाद प्रस्ताव के दौरान)

□

1. ई.एम.एस. नंबूदरीपाद मुख्यमंत्री थे

न्यायालयों में स्थानीय भाषाओं को प्रोत्साहन मिले

"सुराज का आधार न्याय होता है। इसलिए न्याय जनता से जुड़ा हुआ होना चाहिए, जनता की भाषा में होना चाहिए। जब तक न्याय के आधार को सामान्य मानव नहीं समझता, उसके लिए न्याय और राजकीय आदेश में बहुत फर्क नहीं होता है। मैं इन दिनों सरकार में एक विषय पर थोड़ा दिमाग खपा रहा हूँ। दुनिया के कई देश ऐसे हैं, जहाँ कानून बनाते हैं तो एक तो लीगल टर्मिनोलॉजी (कानूनी शब्दावली) में कानून होता है। लेकिन उसके साथ एक और कानून का रूप भी रखा जाता है, जो लोक भाषा में होता है, सामान्य मानव की भाषा में होता है और दोनों मान्य होते हैं तथा उसके कारण सामान्य मानव को कानूनी चीजों को समझने में न्याय के दरवाजे खटखटाने की जरूरत नहीं पड़ती है। हम कोशिश कर रहे हैं कि आने वाले दिनों में हमारे देश में भी कानून की एक पूरी तरह लीगल टर्मिनोलॉजी (कानूनी शब्दावली) हो, लेकिन साथ-साथ वो ही बात सामान्य व्यक्ति की समझ में आए। उस भाषा में और वो भी दोनों एक साथ विधानसभाओं में या संसद् में पारित हो, ताकि आगे चलकर के सामान्य मानव

उसके आधार पर अपनी बात रख सकता है। दुनिया के कई देशों में यह परंपरा है। अभी मैंने एक टोली बनाई है, वह उसका अध्ययन कर रही है।"

राज्य के मुख्यमंत्रियों और हाईकोर्ट्स के मुख्य न्यायाधीशों की ये जॉइंट कॉन्फ्रेंस हमारी संवैधानिक खूबसूरती का सजीव चित्रण है। मुझे खुशी है कि इस अवसर पर मुझे भी आप सबके बीच कुछ पल बिताने का अवसर मिला है। हमारे देश में जहाँ एक ओर जुडिशियरी (न्यायपालिका) की भूमिका संविधान संरक्षक की है, वहीं लेजिस्लेचर (विधायिका) नागरिकों की आकांक्षाओं का प्रतिनिधित्व करती है। मुझे विश्वास है कि संविधान की इन दो धाराओं का ये संगम, ये संतुलन देश में प्रभावी और समयबद्ध न्याय व्यवस्था का रोडमैप तैयार करेगा। मैं आप सभी को इस आयोजन के लिए हृदय से शुभकामनाएँ देता हूँ।

मुख्यमंत्रियों और मुख्य न्यायाधीशों की ये जॉइंट कॉन्फ्रेंसेस पहले भी होती आई हैं। उनसे हमेशा देश के लिए कुछ-न-कुछ नए विचार भी निकले हैं। लेकिन इस बार ये आयोजन अपने आपमें और भी ज्यादा खास है। आज यह कॉन्फ्रेंस एक ऐसे समय में हो रही है, जब देश अपनी आजादी का अमृत महोत्सव मना रहा है। आजादी के इन 75 सालों ने जुडिशियरी (न्यायपालिका) और एक्जक्यूटिव (कार्यपालिका), दोनों के ही रोल्स (भूमिका) और रिस्पॉन्सिबिलिटी (जिम्मेदारियों) को निरंतर स्पष्ट किया है। जहाँ जब भी जरूरी हुआ, देश को दिशा देने के लिए ये रिलेशंस (संबंध) लगातार इवॉल्व (विकसित) हुआ है। आज आजादी के अमृत महोत्सव में जब देश नए अमृत संकल्प ले रहा है, नए सपने देख रहा है तो हमें भी भविष्य की तरफ देखना होगा। 2047 में जब देश अपनी आजादी के 100 साल पूरे करेगा, तब हम देश में कैसी न्याय व्यवस्था देखना चाहेंगे? हम किस तरह अपने जुडिशियल सिस्टम (न्यायिक प्रणाली) को इतना समर्थ बनाएँ कि वो 2047 के भारत की आकांक्षाओं को पूरा कर सके, उन पर खरा उतर सके, ये प्रश्न आज हमारी प्राथमिकता होना चाहिए। अमृतकाल में हमारा विजन एक ऐसी न्याय व्यवस्था

का होना चाहिए, जिसमें न्याय सुलभ हो, न्याय त्वरित हो और न्याय सबके लिए हो।

देश में न्याय की देरी को कम करने के लिए सरकार अपने स्तर से हर संभव प्रयास कर रही है। हम जुडिशियल स्ट्रेंथ (न्यायिक क्षमता) को बढ़ाने के लिए प्रयास कर रहे हैं, जुडिशियल इंफ्रास्ट्रक्चर (न्यायिक अवसंरचना) को

बेहतर करने की कोशिश चल रही है। केस मैनेजमेंट (वाद-प्रबंधन) के लिए आई.सी.टी. (सूचना एवं संचार तकनीक) के इस्तेमाल की शुरुआत भी की गई है। सबऑर्डिनेट कोर्ट्स (अधीनस्थ न्यायालय) और डिस्ट्रिक्ट कोर्ट्स (जनपद न्यायालय) से लेकर हाईकोर्ट्स (उच्च न्यायालय) तक, वैकेंसीज (रिक्तियों) को भरने के लिए भी प्रयास हो रहे हैं। साथ ही जुडिशियल इंफ्रास्ट्रक्चर (न्यायिक अवसंरचना) को मजबूत करने के लिए भी देश में व्यापक काम हो रहा है। इसमें राज्यों की भी बहुत बड़ी भूमिका है।

आज पूरी दुनिया में नागरिकों के अधिकारों के लिए उनके सशक्तीकरण के लिए टेक्नोलॉजी (तकनीक) एक इंपार्टमेंट टूल (महत्त्वपूर्ण उपकरण) बन चुकी है। हमारे जुडिशियल सिस्टम (न्याय व्यवस्था) में भी तकनीक की संभावनाओं से आप सब परिचित हैं। हमारे ऑनरेबल जजेज (सम्माननीय न्यायाधीश) समय-समय पर इस विमर्श को आगे भी बढ़ाते रहे हैं। भारत सरकार भी जुडिशियल सिस्टम में टेक्नालॉजी की संभावनाओं को डिजिटल इंडिया मिशन का एक जरूरी हिस्सा मानती है। उदाहरण के तौर पर, ई-कोर्ट्स प्रोजेक्ट को आज मिशन मोड में इंप्लिमेंट (लागू) किया जा रहा है। सुप्रीम कोर्ट ई-कमेटी के मार्गदर्शन में जुडिशियल सिस्टम में टेक्नोलांजी इंटीग्रेशन (तकनीक एकीकरण) और डिजिटाइजेशन का काम तेजी से आगे बढ़ रहा है। मैं यहाँ उपस्थित सभी मुख्यमंत्रियों और हाईकोर्ट्स के सभी चीफ जस्टिसेज से भी आग्रह करूँगा कि इस अभियान को विशेष महत्त्व दें, इसे आगे बढ़ाएँ। डिजिटल इंडिया के साथ न्यायपालिका का ये समन्वय आज देश के सामान्य मानव की अपेक्षा भी बन गई है। आप देखिए, आज कुछ साल पहले डिजिटल ट्रांजेक्शन को हमारे देश के लिए असंभव माना जाता था। लोगों को लगता था, लोग शक करते थे कि अरे यह हमारे देश में कैसे हो सकता है? यह भी सोचा जाता था कि इसका स्कोप केवल शहरों तक ही सीमित रह सकता है, उससे आगे बढ़ नहीं सकता है। लेकिन आज छोटे कस्बों और यहाँ तक कि गाँवों में भी डिजिटल ट्रांजेक्शन आम बात होने लगी है। यह पूरे विश्व में पिछले साल जितने डिजिटल ट्रांजेक्शन हुए, उसमें से 40 प्रतिशत डिजिटल ट्रांजेक्शन भारत में हुए हैं। सरकार से जुड़ी वे

सेवाएँ, जिनके लिए पहले नागरिकों को महीनों कार्यालयों के चक्कर काटने पड़ते थे, वे अब मोबाइल पर सुलभ हो रही हैं। ऐसे में स्वाभाविक है, जिस नागरिक को सेवाएँ और सुविधाएँ ऑनलाइन उपलब्ध हो रही हैं, वह न्याय के अधिकार को लेकर भी वैसी ही अपेक्षाएँ करेगा।

आज जब हम तकनीक और फ्यूचरिस्टिक एप्रोच (भविष्य के दृष्टिकोण) की बात कर रहे हैं तो इसका एक इंपॉर्टेंट एसपेक्ट टेक-फ्रेंडली ह्यूमन रिसोर्स (तकनीक के अनुकूल मानव संसाधन) का होना महत्त्वपूर्ण पहलू भी है। टेक्नोलॉजी आज युवाओं के जीवन का स्वाभाविक हिस्सा है। ये हमें सुनिश्चित करना है कि युवाओं की ये एक्सपर्टीज (विशेषज्ञता) उनकी प्रोफेशनल स्ट्रेंथ (कार्य क्षमता) कैसे बने। आजकल कई देशों के लॉ यूनिवर्सिटीज (विधि विश्वविद्यालयों) में ब्लॉक चेंस, इलेक्ट्रॉनिक डिस्कवरी, साइबर सेक्यूरिटी, रोबोटिक्स, ऑफिसियल इंटेलिजेंस और बायो-एथिक्स जैसे विषय पढ़ाए जा रहे हैं। हमारे देश में भी लीगल एजुकेशन (कानूनी शिक्षा) इन इंटरनेशनल स्टैंडर्स (अंतरराष्ट्रीय मानकों) के मुताबिक हो, यह हम सबकी जिम्मेदारी है। इसके लिए हमें मिलकर प्रयास करने होंगे।

हमारे शास्त्रों में कहा गया है—'न्यायमूलं सुराज्यं स्यात्'। अर्थात् किसी भी देश में सुराज का आधार न्याय होता है। इसलिए न्याय जनता से जुड़ा हुआ होना चाहिए, जनता की भाषा में होना चाहिए। जब तक न्याय के आधार को सामान्य मानव नहीं समझता, उसके लिए न्याय और राजकीय आदेश में बहुत फर्क नहीं होता है। मैं इन दिनों सरकार में एक विषय पर थोड़ा दिमाग खपा रहा हूँ। दुनिया के कई देश ऐसे हैं, जहाँ कानून बनाते हैं तो एक तो लीगल टर्मिनोलॉजी (कानूनी शब्दावली) में कानून होता है। लेकिन उसके साथ एक और कानून का रूप भी रखा जाता है, जो लोकभाषा में होता है, सामान्य मानव की भाषा में होता है और दोनों मान्य होते हैं और उसके कारण सामान्य मानव को कानूनी चीजों को समझने में न्याय के दरवाजे खटखटाने की जरूरत नहीं पड़ती है। हम कोशिश कर रहे हैं कि आने वाले दिनों में हमारे देश में भी कानून की एक पूरी तरह लीगल टर्मिनोलॉजी (कानूनी शब्दावली) हो, लेकिन साथ-साथ वो ही बात सामान्य व्यक्ति की समझ में आए। उस भाषा में और वो भी

दोनों एक साथ विधानसभाओं में या संसद् में पारित हो, ताकि आगे चलकर के सामान्य मानव उसके आधार पर अपनी बात रख सकता है। दुनिया के कई देशों में यह परंपरा है। अभी मैंने एक टोली बनाई है, वह उसका अध्ययन कर रही है।

हमारे देश में आज भी उच्च न्यायालयों और सर्वोच्च न्यायालय की सारी कार्यवाही इंग्लिश में होती है और मुझे अच्छा लगा, सी.जे.आई. (देश के मुख्य न्यायाधीश) ने स्वयं इस विषय को स्पर्श किया तो कल अखबारों को पॉजिटिव खबर का अवसर तो मिलेगा, अगर उठा लें तो। लेकिन उसके लिए बहुत इंतजार करना पड़ेगा।

एक बड़ी आबादी को न्यायिक प्रक्रिया से लेकर फैसलों तक को समझना मुश्किल होता है। हमें इस व्यवस्था को सरल और आम जनता के लिए ग्राह्य बनाने की जरूरत है। हमें न्यायालयों में स्थानीय भाषाओं को प्रोत्साहन देने की जरूरत है। इससे देश के सामान्य नागरिकों का न्याय प्रणाली में भरोसा बढ़ेगा, वे उससे जुड़ा हुआ महसूस करेंगे। अब इस समय हम यह कोशिश कर रहे हैं कि टेक्निकल एजुकेशन (तकनीकी शिक्षा) और मेडिकल एजुकेशन (चिकित्सा शिक्षा) मातृभाषा में क्यों नहीं होना चाहिए। हमारे बच्चे जो बाहर जाते हैं, दुनिया की वो भाषा पढ़ने की कोशिश करते हैं, फिर मेडिकल कॉलेज की पढ़ाई करते हैं। हम हमारे देश में कर सकते हैं और मुझे खुशी है, कई राज्यों ने मातृभाषा में टेक्निकल एजुकेशन, मेडिकल एजुकेशन (तकनीकी और चिकित्सा शिक्षा) के लिए कुछ पहल की हैं। तो आगे चलकर उसके कारण गाँव का गरीब का बच्चा भी, जो भाषा के कारण रुकावटें महसूस करता है, उसके लिए सारे रास्ते खुल जाएँगे। यह भी तो एक बड़ा न्याय है। ये भी एक सामाजिक न्याय है। सामाजिक न्याय के लिए न्यायपालिका की तराजू तक जाने की जरूरत नहीं होती है। सामाजिक न्याय के लिए कभी भाषा भी बहुत बड़ा कारण बन सकती है।

एक गंभीर विषय सामान्य आदमी के लिए कानून की पेचीदगियाँ भी हैं। 2015 में हमने करीब 18 सौ ऐसे कानूनों को चिह्नित किया था, जो अप्रासंगिक हो चुके थे। इनमें से जो केंद्र के कानून थे, ऐसे 1450 कानूनों को हमने खत्म किया। लेकिन राज्यों की तरफ से केवल 75 कानून ही खत्म किए गए हैं।

आज सभी मुख्यमंत्रिगण यहाँ बैठे हैं। मैं आपसे बहुत आग्रह करता हूँ कि अपने राज्य के नागरिकों के अधिकारों के लिए, उनकी ईज ऑफ लिविंग (सुखी जीवन) के लिए आपके यहाँ भी जिन कानूनों का इतना बड़ा जाल बना हुआ है, कालबाह्य कानूनों में लोग फँसे पड़े हैं, उन कानूनों को निरस्त करने की दिशा में आप कदम उठाइए, लोग बहुत आशीर्वाद देंगे।

न्यायिक सुधार केवल एक नीतिगत विषय या पॉलिसी ही नहीं है। देश में लंबित करोड़ों केसेस के लिए पॉलिसी से लेकर टेक्नोलॉजी तक, हरसंभव प्रयास देश में हो रहे हैं और हमने बार-बार इसकी चर्चा भी की है। इस कॉन्फ्रेंस में भी आप सब एक्सपर्ट्स (विशेषज्ञ) इस विषय पर विस्तार से बात करेंगे ही, यह मुझे पूरा विश्वास है। मैं शायद बहुत लंबे अर्से तक इस मीटिंग में बैठा हुआ हूँ। शायद जजेज (न्यायाधीशों) को ऐसी मीटिंग में आने का जितना अवसर मिला होगा, उससे ज्यादा मुझे मिला है। मैं कई वर्षों तक मुख्यमंत्री के रूप में इस कॉन्फ्रेंस में आता रहता था। अब यहाँ बैठने का मौका आ गया है तो यहाँ से आता रहता हूँ। एक प्रकार से मैं इस महफिल में सीनियर हूँ।

इस विषय में मैं जब बात कर रहा था तो मैं यह मानता हूँ कि इन सारे कामों में मानवीय संवेदनाएँ जुड़ी हैं। मानवीय संवेदनाओं को भी हमें केंद्र में भी रखना ही होगा। आज देश में करीब साढ़े तीन लाख प्रिजनर्स (कैदी) ऐसे हैं, जो अंडर ट्रायल (विचाराधीन) हैं और जेल में हैं। इनमें से अधिकांश लोग गरीब या सामान्य परिवारों से हैं। हर जिले में डिस्ट्रिक्ट जज की अध्यक्षता में एक कमेटी होती है, ताकि इन केसेस की समीक्षा हो सके, जहाँ संभव हो बेल पर उन्हें रिहा किया जा सके। मैं सभी मुख्यमंत्रियों और हाईकोर्ट्स के न्यायाधीशगण से अपील करूँगा कि मानवीय संविधानों, उन संवेदनाओं और कानून के आधार पर इन मामलों को भी अगर संभव हो तो प्राथमिकता दी जाए। इसी तरह न्यायालयों में, खासकर स्थानीय स्तर पर लंबित मामलों के समाधान के लिए मध्यस्थता भी एक महत्त्वपूर्ण जरिया है। हमारे समाज में तो मध्यस्थता के जरिए विवादों के समाधान की हजारों साल पुरानी परंपरा है। आपसी सहमति और परस्पर भागीदारी, यह न्याय की अपनी एक अलग मानवीय अवधारणा है। अगर हम देखें तो हमारे समाज का वो स्वभाव कहीं-न-कहीं अभी भी बना

हुआ है। हमने हमारी उन परंपराओं को खोया नहीं है। हमें इस लोकतांत्रिक व्यवस्था को मजबूत बनाने की जरूरत है।

मामलों का कम समय में समाधान भी होता है, न्यायालयों का बोझ भी कम होता है, और सोशल फेब्रिक (सामाजिक तानाबाना) भी सुरक्षित रहता है। हमने इसी सोच के साथ संसद् में मेडिटेशन बिल (मध्यस्तता विधेयक) को भी एक अंब्रेला लेजिस्लेशन (हर जगह प्रभावी कानून) के रूप में पेश किया है। अपनी रिच लीगल एक्सपर्टीज (समृद्ध कानूनी विशेषज्ञता) के साथ हम 'मध्यस्थता से समाधान' की विधा में ग्लोबल लीडर बन सकते हैं। हम पूरी दुनिया के सामने एक मॉडल पेश कर सकते हैं। मुझे पूरा भरोसा है कि प्राचीन मानवीय मूल्यों और आधुनिक एप्रोच (दृष्टिकोण) के साथ इस कॉन्फ्रेंस में ऐसे सभी विषयों पर आप सभी विद्वज्जन विस्तार से चर्चा करके, मंथन करके उस अमृत को लाओगे, जो शायद आने वाली पीढ़ियों तक काम आएगा। इस कॉन्फ्रेंस से जो नए आइडियाज (विचार) निकलेंगे, जो नए निष्कर्ष निकलेंगे, वे नए भारत की आकांक्षाओं को पूरा करने का माध्यम बनेंगे। इसी विश्वास के साथ, मैं फिर एक बार आप सबके मार्गदर्शन के लिए आपका आभारी हूँ और मैं सरकार की तरफ से यह विश्वास दिलाता हूँ कि देश की न्याय व्यवस्था के लिए सरकारों को जो करना होगा, चाहे राज्य सरकार हो, केंद्र सरकार हो, वह भरसक प्रयास करेगी, ताकि हम सब मिलकर के देश के कोटि-कोटि नागरिकों की आशा-अपेक्षाओं को पूर्ण कर सकें और 2047 में देश जब आजादी के 100 साल मनाए, तब हम न्याय के क्षेत्र में भी और अधिक गौरव के साथ, और अधिक सम्मान के साथ, और अधिक संतोष के साथ आगे बढ़ें।

(30 अप्रैल, 2022 को मुख्य न्यायाधीशों और मुख्यमंत्रियों के अधिवेशन में)

□

भारत की ताकत संघीय ढाँचा

"भारत जैसे संघीय राज्य व्यवस्था वाले देश को चलाना है तो प्रधानमंत्री और सभी मुख्यमंत्रियों को टीम इंडिया के रूप में काम करना चाहिए। प्रधानमंत्री और उनके कैबिनेट के मंत्री, यह टीम सफिशियंट नहीं है। प्रधानमंत्री और राज्यों के मुख्यमंत्री, यह टीम का एक स्वरूप हमें उभारना होगा और उस पर अगर हम बल देंगे तो हम राज्यों की ताकत, राष्ट्र के विकास में योगदान कर पाएँगे।"

भारत की एक ताकत उसका संघीय ढाँचा है। बाबासाहब आंबेडकर और उस समय के हमारे विद्वान् पुरुषों ने हमें जो संविधान दिया है, उसकी एक बड़ी ताकत यह संघीय ढाँचा ही है। हमें आत्मचिंतन करने की आवश्यकता है कि क्या हमने दिल्ली में बैठकर संघीय ढाँचे को ताकत दी है? इसको और अधिक सामर्थ्यवान बनाया है अथवा नहीं? भारत को आगे बढ़ाना है तो राज्यों को आगे बढ़ना होगा। राष्ट्र को समृद्ध और सशक्त होना है तो राज्यों को समृद्ध और सशक्त होना होगा। इसलिए जब मैं गुजरात के मुख्यमंत्री के रूप में काम करता था, हम एक मंत्र हमेशा बोलते थे—'भारत के विकास के लिए गुजरात का विकास।' हम हमेशा ये शब्द प्रयोग करते थे। क्या राज्यों के अंदर ये माहौल हम पनपा पाए हैं?

एक राज्य के मुखिया के रूप में पीड़ा क्या होती है, मैंने उसे बहुत झेला है, अनुभव किया है। मेरा यह सौभाग्य रहा है कि दिल्ली में अनुकूल सरकार

हो, तब राज्य का क्या हाल होता है और प्रतिकूल सरकार होने पर क्या हाल होता है, दोनों को मैंने भोगा है। मैंने इन कठिनाइयों को झेला है कि राज्यों को कितनी मुसीबतें झेलनी पड़ती हैं। राज्य कितनी ठोकरें खाता है, उसकी बात को किस प्रकार से नकारा जाता है, सिर्फ निजी स्वार्थ की खातिर राज्यों की विकास यात्राओं को किस प्रकार से रोका जाता है, मैंने इसको भली-भाँति समझा है।

पर्यावरण के नाम पर राज्यों की विकास-यात्रा को दबोचने के षड्यंत्र होते हैं, इन सारी बातों का मैं भुक्तभोगी हूँ।

अब एक ऐसे व्यक्ति को प्रधानमंत्री बनने का मौका मिला है, जो राज्यों की पीड़ा को भली-भाँति समझता है। हमने कोऑपरेटिव फेडरलिज्म की बात की है कि बड़े भाई, छोटे भाई वाला कारोबार नहीं चलेगा। हमें राज्यों के साथ समानता का व्यवहार करना होगा। हमें उनके साथ कंधे से कंधा मिलाकर काम करने की दिशा बनानी होगी। हमें एक ऐसी कार्य-संस्कृति विकसित करनी होगी, जिसमें राज्य को भी अनुभूति हो कि वह भारत की भलाई के लिए काम कर रहा है। भारत की सरकार चलाने वाले लोगों के मन में भी यह रहना चाहिए कि हिंदुस्तान के छोटे-से-छोटे राज्य के विकास के बिना भारत का विकास होने वाला नहीं है। हमें इस तरह की रचना के साथ देश को आगे चलाना है। यह मैं बड़े विश्वास से कहता हूँ कि बहुत सी बातें ऐसी हैं कि अगर हम राज्यों को विश्वास में लें तो हमारे कार्य की गति बहुत बढ़ सकती है। हमने 'टीम इंडिया कॉन्सेप्ट' की बात आदरणीय राष्ट्रपतिजी के भाषण में कही। भारत जैसे संघीय राज्य व्यवस्था वाले देश को चलाना है तो प्रधानमंत्री और सभी मुख्यमंत्रियों को टीम इंडिया के रूप में काम करना चाहिए। प्रधानमंत्री और उनके कैबिनेट के मंत्री, यह टीम सफिशियंट नहीं है। प्रधानमंत्री और राज्यों के मुख्यमंत्री, यह टीम का एक स्वरूप हमें उभारना होगा और उस पर अगर हम बल देंगे तो हम राज्यों की ताकत, राष्ट्र के विकास में योगदान कर पाएँगे।

एक उल्लेख किया गया है कि उनके मुख्यमंत्री ने चालीस चिट्ठियाँ लिखी थीं, लेकिन एक का भी जवाब नहीं आया। यह स्थिति हमें बदलनी होगी। इसलिए इस अवस्था को लाने के लिए कोई मैकेनिज्म विकसित हो, उसका हम प्रयास करने के पक्ष में हैं। हम आगे बढ़ना चाहते हैं। कुछ लोगों को 'गुजरात मॉडल' की बड़ी चिंता हो रही है। कुछ लोगों के मन में है कि 'गुजरात मॉडल' आखिर है क्या ? उनकी इस मुसीबत का तो मैं अंदाज लगा सकता हूँ। 'गुजरात मॉडल' को अगर सरल भाषा में समझना है तो वो यह है कि अगर उत्तर प्रदेश में मायावतीजी की सरकार ने कोई अच्छा काम किया, उसको समझना, स्वीकार करना और अपने यहाँ लागू करना, यह 'गुजरात मॉडल' है। केरल में लेफ्ट की

सरकार थी, लेकिन उनका एक 'कुटुंबश्री' प्रोग्राम था, हमने उससे सीखा। हमारे यहाँ अनुकूलता के अनुसार उसे लागू किया गया। सबसे बड़ी बात है कि आज एक राज्य, दूसरे राज्य की जो चर्चा हो रही है, वह गुजरात मॉडल की चर्चा है और मॉडल की चर्चा विकास के संदर्भ में हो रही है। यह हमारे लिए एक अच्छा माहौल तैयार कर रहा है कि एक राज्य दूसरे राज्य के साथ विकास की स्पर्धा के साथ चर्चा कर रहा है। मेरे कान यह सुनने के लिए हमेशा लालायित रहते हैं कि कभी बंगाल यह कहे कि हम गुजरात से आगे निकल गए। कभी तमिलनाडु कहे कि हम गुजरात और बंगाल दोनों से आगे निकल गए। कभी आंध्र कहे कि हम तेलंगाना से आगे निकल गए तो तेलंगाना कहे कि हम आंध्र प्रदेश से आगे निकल गए। कभी बिहार कहे कि हमने गुजरात को पीछे छोड़ दिया। यह विकास की स्पर्धा का माहौल हमें देश में देखना है, बनाना है। हम एक कोऑपरेटिव फेडरलिज्म से देश को आगे बढ़ाना चाहते हैं। हमारे देश में हर राज्य की एक शक्ति है, हर राज्य की अपनी विशेषता भी है। हमें उसे समझना होगा। गुजरात जैसा छोटा सा राज्य, लेकिन वहाँ भी हर जिले में हमारा एक मॉडल काम नहीं करता है। एक ही प्रकार के कुरते सारी दुनिया को पहनाए नहीं जा सकते। वहाँ की विशेषता यह है कि रेगिस्तान वाला कच्छ का मॉडल हरे-भरे वलसाड में नहीं चल सकता है। उसी प्रकार से एक राज्य का मॉडल दूसरे राज्य पर थोपा नहीं जा सकता। दिल्ली के भी विचार राज्यों पर नहीं थोपे जा सकते। उसकी प्रायोरिटी क्या है, उसकी कठिनाइयाँ क्या हैं, उसके अनुरूप संसाधनों का उपयोग करके, उन शक्तियों को बल देने से वो तेज गति से आगे बढ़ेंगे। इसलिए विकास में राज्यों और राष्ट्र, दोनों की सामूहिक जिम्मेदारी है। एक नए राजनीतिक चरित्र की दिशा में हम बढ़ना चाहते हैं।

(11 जून, 2014 को राष्ट्रपति के अभिभाषण पर
राज्यसभा में धन्यवाद प्रस्ताव के दौरान)

□

नीति आयोग की पृष्ठभूमि

"बहुत ही जल्द योजना आयोग की जगह पर नया इंस्टीट्यूट काम करे, उस दिशा में हम आगे बढ़ने वाले हैं।"

जब से हमारी सरकार बनी है, तब से अखबारों में, टी.वी. में एक चर्चा चल रही है कि प्लानिंग कमीशन का क्या होगा? मैं समझता हूँ कि जिस समय प्लानिंग कमीशन, यानी योजना आयोग का जन्म हुआ, उस समय की जो स्थितियाँ और आवश्यकताएँ थीं, उनके आधार पर उसकी रचना की गई। इन पिछले वर्षों में योजना आयोग ने अपने तरीके से राष्ट्र के विकास में उचित योगदान किया है। मैं इसका आदर करता हूँ, लेकिन अब देश की अंदरूनी स्थिति भी बदली हुई है, वैश्विक परिवेश भी बदला हुआ है। सरकारें आर्थिक गतिविधि का केंद्र नहीं रही हैं, उसका दायरा बहुत फैल चुका है। राज्य सरकारें विकास के केंद्र में आ रही हैं और मैं इसको अच्छी निशानी मानता हूँ। अगर भारत को आगे ले जाना है तो यह राज्यों को आगे ले जाकर ही होने वाला है। भारत के फेडरल स्ट्रक्चर की अहमियत पिछले 60 साल में जितनी थी, उससे ज्यादा आज के युग में है। हमारे संघीय ढाँचे को मजबूत और चेतनवंत बनाना, उसका विकास की धरोहर के रूप में काम लेना, मुख्यमंत्री और प्रधानमंत्री की एक टीम का फॉर्मेशन हो, केंद्र और राज्य की एक टीम हो। एक टीम बनकर आगे चलें तो इस काम को अब प्लानिंग कमीशन के नए रंग-रूप से सोचना पड़ेगा। इसलिए चली आ रही एक बहुत बड़ी पुरानी व्यवस्था में उसका कायाकल्प भी करने की, उसमें बहुत बदलाव

करने की आवश्यकता है। कभी-कभी पुराने घर की रिपेयरिंग में खर्चा ज्यादा होता है, लेकिन संतोष नहीं होता है। फिर मन करता है, अच्छा है, एक नया ही घर बना लें। इसलिए बहुत ही कम समय के भीतर योजना आयोग के स्थान पर, एक क्रिएटिव थिंकिंग के साथ राष्ट्र को आगे ले जाने की दिशा, पब्लिक-प्राइवेट पार्टनरशिप की दिशा, संसाधनों का ऑप्टिमम यूटिलाइजेशन, प्राकृतिक संसाधनों का ऑप्टिमम यूटिलाइजेशन, देश की युवा शक्ति के सामर्थ्य का उपयोग, राज्य सरकारों की आगे बढ़ने की इच्छाओं को बल देना, राज्य सरकारों को ताकतवर बनाना, संघीय ढाँचे को ताकतवर बनाना, एक ऐसे नए रंग-रूप के साथ, नए शरीर, नई आत्मा के साथ, नई सोच और नई दिशा के साथ, नए विश्वास के साथ, एक नए इंस्टीट्यूशन का हम निर्माण करेंगे। बहुत ही जल्द योजना आयोग की जगह पर यह नया इंस्टीट्यूट काम करे, उस दिशा में हम आगे बढ़ने वाले हैं।

(15 अगस्त, 2014 को लालकिले से)

□

राज्यों की समृद्धि से ही समृद्ध देश

“पहली बार हमने देश में उलटा क्रम किया है कि दिल्ली का खजाना कम किया है और राज्यों का भरा है। हमारा मानना है कि राज्यों को हमें ताकतवर बनाना चाहिए। राज्यों को विकास के लिए अवसर देना चाहिए। उस काम को हम राजनीति से परे होकर कर रहे हैं। इसका और उसका दल, झंडे का रंग देखकर प्रगति नहीं होती। हमें तो अगर झंडे का रंग दिखता है तो सिर्फ तिरंगा दिखता है। उसी को लेकर हम आगे चलते हैं।”

मैं जब राज्य का मुख्यमंत्री था तो मैं हमेशा कहा करता था कि भारत के विकास के लिए गुजरात का विकास। यह मंत्र हमेशा मैंने जीवन में रखा और मैं सबको बताता था। आज मैं कहता हूँ कि देश को समृद्ध बनाने के लिए राज्यों को समृद्ध बनाना है। देश को सशक्त बनाने के लिए राज्यों को सशक्त बनाना होगा। हम कल्पना कर सकते हैं। हमने आते ही खनिज रॉयल्टी वगैरह डेढ़ गुणा कर दिया। वह पैसा किसको जाएगा? राज्यों को जाएगा। वह राज्य कौन हैं, जहाँ सबसे ज्यादा खनिज हैं? यह जो मैं पूर्वी हिंदुस्तान के विकास की बात करता हूँ, उसकी जड़ इस बात में है कि खनिज सबसे ज्यादा हमारे पूर्वी इलाके में है, देश में उससे हमें लाभ होने वाला है।

कोयला ऑक्शन हुआ है, फायदा किसको जाएगा? यह सारा का सारा पैसा राज्य के खजाने में जाने वाला है। कुछ राज्यों ने इसकी कल्पना तक

नहीं की होगी। उनके बजट से ज्यादा रुपया उनके सामने पड़ा होगा। क्या यह फेडरल सिस्टम में राज्यों को मजबूत करने का तरीका नहीं है? अभी फाइनेंस कमीशन की रिपोर्ट को स्वीकार कर हम 42 प्रतिशत दे रहे हैं। यह अमाउंट छोटा नहीं है। हालाँकि फाइनेंस कमीशन एकमत नहीं है और उसमें सभी सदस्यों की एक राय नहीं है।

इतना ही नहीं, उसके उपरांत पंचायतों, नगरपालिकाओं, महानगरपालिकाओं के लिए अलग। कोई प्राकृतिक आपदा आती है, उसके लिए अलग। ये सब मैं मिलाऊँ तो करीब-करीब 47-48 प्रतिशत हो जाता है। आपको भी जानकर यह आनंद होगा कि आजादी के बाद पहली बार हिंदुस्तान के राज्यों के पास जो खजाना है, हिसाब लगाएँगे तो यह 62 प्रतिशत निकलेगा। ऐसे में 38 प्रतिशत खजाना भारत सरकार के पास है। पहली बार हमने देश में उलटा क्रम किया है कि दिल्ली का खजाना कम किया है और राज्यों का भरा है। हमारा मानना है कि राज्यों को हमें ताकतवर बनाना चाहिए। राज्यों को विकास के लिए अवसर देना चाहिए। उस काम को हम राजनीति से परे होकर कर रहे हैं। इसका और उसका दल, झंडे का रंग देखकर प्रगति नहीं होती। हमें तो अगर झंडे का रंग दिखता है तो सिर्फ तिरंगा दिखता है। उसी को लेकर हम आगे चलते हैं।

(27 फरवरी, 2015 को राष्ट्रपति के अभिभाषण पर धन्यवाद प्रस्ताव के दौरान)

□

ग्राम उदय से भारत उदय

"भारत का विकास अगर हमें सच्चे अर्थ में करना है तो गाँव की नींव को मजबूत करना होगा। तभी हम उस पर विकास की इमारत बना सकते हैं। हमारी ग्राम पंचायत की संस्था है। देश संविधान की मर्यादाओं से चलता है, कानून व्यवस्था, नियमों से चलता है। ग्राम पंचायत के अंदर उस भावना को प्रज्वलित रखना आवश्यक है, उस निरंतर चेतना को जगाए रखना आवश्यक है। इसलिए गाँव के अंदर पंचायत व्यवस्था अधिक सक्रिय कैसे हो, अधिक मजबूत कैसे हो, दीर्घ दृष्टि वाली कैसे बने, उस दिशा में प्रयत्न करने की आवश्यकता है।"

मेरा सौभाग्य है कि आज डॉ. बाबासाहब आंबेडकर की 125वीं जयंती के अवसर पर जिस भूमि पर इस महापुरुष ने जन्म लिया था, जिस धरती पर सबसे पहली बार उनके चरण-कमल पड़े थे, उस धरती को नमन करने का मुझे अवसर मिला है।

बाबासाहब आंबेडकर एक व्यक्ति नहीं थे, वे एक संकल्प का दूसरा नाम थे। बाबासाहब आंबेडकर जीवन जीते नहीं थे, वे जीवन को संघर्ष में जोड़ देते थे, जोत देते थे। वे अपने मान-सम्मान, मर्यादाओं के लिए नहीं जिए। समाज की बुराइयों के खिलाफ जंग लड़कर आखिरी छोर पर बैठे शोषित, वंचित को बराबरी का सम्मान दिलाने के लिए अपमानित होकर भी अपने

मार्ग से कभी विचलित नहीं हुए। जिसके पास इतनी बड़ी ज्ञान-सम्पदा हो, जिस महापुरुष के पास विश्व के गण्यमान्य विश्वविद्यालयों की डिग्री हो, उस कालखंड में अपने व्यक्तिगत जीवन में लेने, पाने और बनने के लिए सारी दुनिया के अवसर उनके लिए खुले पड़े थे। लेकिन इस देश के दलित, पीड़ित, शोषित, वंचितों के लिए उनके दिल में आग थी, कुछ कर गुजरने का इरादा था, संकल्प था। उन्होंने इन सारे अवसरों को छोड़ दिया और भारत की मिट्टी से अपना नाता जोड़कर अपने आप को खपा दिया।

आज 14 अप्रैल से, आने वाली 24 अप्रैल तक भारत सरकार द्वारा सभी राज्य सरकारों के सहयोग के साथ 'ग्राम उदय से भारत उदय' एक व्यापक अभियान प्रारंभ हो रहा है। बाबासाहब आंबेडकर ने जो संविधान दिया, महात्मा गांधी ने ग्राम स्वराज की जो भावना हमें दी, यह सब अभी भी पूरा होना बाकी है। आजादी के इतने सालों के बाद जिस प्रकार से हमारे गाँव के जीवन में परिवर्तन आना चाहिए था, जो बदलाव आना चाहिए था, बदले हुए युग के साथ ग्रामीण जीवन को भी आगे ले जाना आवश्यक था, दुःख की बात है कि अभी भी बहुत कुछ करना बाकी है। भारत का आर्थिक विकास चंद बड़े शहरों से होने वाला नहीं है। भारत का विकास चंद बड़े उद्योगकारों से नहीं होने वाला। भारत का विकास अगर हमें सच्चे अर्थ में करना है तो गाँव की नींव को मजबूत करना होगा। तभी हम उस पर विकास की इमारत बना सकते हैं।

हमारी ग्राम पंचायत की संस्था है। देश संविधान की मर्यादाओं से चलता है; कानून व्यवस्था, नियमों से चलता है। ग्राम पंचायत के अंदर उस भावना को प्रज्वलित रखना आवश्यक है, उस चेतना को निरंतर जगाए रखना आवश्यक है। इसलिए गाँव के अंदर पंचायत व्यवस्था अधिक सक्रिय कैसे हो, अधिक मजबूत कैसे हो, दीर्घ दृष्टि वाली कैसे बने, उस दिशा में प्रयत्न करने की आवश्यकता है। अगर एक बार हम निर्णय करें तो गाँव को संविधान की मर्यादा में आगे ले जाने के रास्ते उपलब्ध हैं।

(14 अप्रैल, 2016 महू, मध्य प्रदेश में 'ग्राम उदय से भारत उदय' कार्यक्रम का शुभारंभ करते हुए)

□□□